# *Fundus Animalium*

*A Latin version of*

*ANIMAL FARM*

# FUNDUS ANIMALIUM

*Liber celeberrimus Georgii Orwell*
*primum A.D. MDCCCXLIII editus;*
*nunc in linguam Latinam conversus auctore*
*Tom Cotton.*

Phaselus Publishing

Rhosilli, GU6 8PJ
United Kingdom

This Latin version of 'Animal Farm' by George Orwell is published by kind permission of the Orwell Trust.



This edition first published 2011

ISBN 978-1-4478-2993-5

*Other Latin versions uniform with this volume:*

Aurae Inter Salices

*'The Wind in the Willows'*
*(Kenneth Grahame)*
*ISBN 978-1-4467-6836-5*

Carmen ad Festum Nativitatis

*'A Christmas Carol'*
*(Charles Dickens)*
*ISBN 978-1-4466-0935-4*

Captivus Zendae

*'The Prisoner of Zenda'*
*(Anthony Hope)*
*ISBN 978-1-4466-1479-2*

*By the same author:*

'The Rise of Rome : City-State to Empire'
A narrative history
*ISBN 978-1-4477-8643-6*

CONTINENTUR IN HOC LIBRO

*Cum omnia tranquilla visa essent atque bene exspectarent,*
*Maior faucibus purgatis eloqui coepit* (*p. 3*).

# INTRODUCTION

Although Animal Farm is a very short book, it ranks as a literary landmark with some much more substantial works. According to Orwell's proposed preface to the work, it was conceived in 1937 and finally written in 1943, when the author was 40 years old. Although as a satire on revolution and revolutionaries it appeared most obviously concerned with the Soviet Union, it might also be read as a paradigm for the corruption of revolutionary ideals in general; if this used particularly to be seen in late examples within the Soviet bloc, it can be quite as easily recognised in other countries.

So simple and direct is the language, so well thought out the sequence of incidents, that it was soon obvious during translation that Orwell had, from the beginning, a very clear idea of his story and how he would express it. Orwell in fact wrote a critical essay on the modern abuse of English (running to some 5,300 words, which in some respects now seems out of date), and in writing 'Animal Farm' he clearly followed the precepts recommended in it.

Translation always involves the transformation of idiom to some extent, and Orwell's mastery of his own principles means that the transformation of style which is also usual was in this case remarkably seldom required. Also noteworthy is the absence of circumlocution. In notes to an earlier translation, *Captivus Zendae* (The Prisoner of Zenda), I indicated the troublesome nature of Hope's style: Orwell's is the exact antithesis, so fluent and compact that it has nowhere been difficult to decipher his precise intention before trying to capture it in Latin. I hope that something akin to that might be said of this offering.

It is always tricky to deal with proper names and vocabulary. I adopted no fixed rule for naming either humans and animals: I have used an adaptation of Latin words wherever there was something convenient, but have in a few cases simply adapted the original as the nominative, modifying as necessary for other cases. A few neologisms have been invented, most of which are shown in the Vocabulary on pages 87-8. Farm animals, buildings and implements are widely referred to and described in the ancient sources, and need little in the way of invention; nor do most of the crops. Electricity and machinery for the windmill are simply enough dealt with, as is the shotgun and its ammunition.

Georgii Orwell

# FUNDUS ANIMALIUM

## CAPITULUM PRIMUM

Primis tenebris agricola Ionesus Fundi Manorialis dominus ostium tecti gallinarii occluserat, sed ebrior erat ut portulas obdandas non meminisset. Orbe lucis de laterna quoquoversus saltante, trans cohortem titubavit, iuxta ostium posticum calceos decussit, in cella panaria poculum de dolio cerevisiae ultimum sibi hausit, et sursum ivit ad lectum, ubi matrona Ionesa iam stertebat.

Simul atque lucerna cubicularia extincta erat, per omnia aedificia sunt orti motus et trepidatio. Dictum erat interdiu de Maiore Vetustiore, ille verres Semicandidus palmaris, qui in somnis hesternis aliquid mirabilis creverat quod ceteris animalibus docere volebat. Constatum erat ut, quam simul Ionesus ex conspectu cessaverat, contio omnibus praesentibus in horreo magno haberetur. Reverendus erat per fundum Maior Vetustior (ut semper nominatus est, etsi nomine Villingdonae Pulcher exhibitus) ut nemo esset quin insomnus horam perderet eius dictorum audiendorum causa.

Ad extremum horreum, in genere tabulati sublati, iam condiderat sese Maior super stratum stramenticeum, sub laterna de trabe pendenti. Natus erat duodecim annos et nuper aliquantum corporosus, sed porcus adhuc erat augustus visu qui, etsi dentibus nunquam tonditis, sagax benevolus videbatur. Mox alia animalia advenire coeperunt, quae secundum modus suos proprios commode quieverunt.

Primi advenerunt tres canes, Campanula, Iessica et Strictor, tum porci, qui in stramento iuxta partem tabulati priorem considerunt. Gallinae liminibus fenestrarum insiderunt, columbae tigna petiverunt, oves et vaccae pone porcos discumbentes ruminare coeperunt. Duo manni, Arcifer et Trifolia, una intraverunt, perlente ambulantes et, ne parvum stramento celatum animal laederent, ungulas ingentes pilosas multa cum cautione deponentes. Trifolia equa pinguis materna fuit paene in media aetate, quae parto quarto edato figuram in toto nunquam receperat. Arcifer immanis fuit animal, altus paene duodeviginti palmarum, et ipse sicut duo equi usitati valens. Lineamentum album naso gerebat, ut subobtusus est visus, et de facto perspicacitate caruit, sed omnium consensu pertinax erat et de permagnis viribus venerandus. Capra candida Muriel et assus Beniamin equos secuti sunt. Inter omnia fundi animalia Beniamin aetate provectissimus erat et malevolissimus. Locutus est raro, at loquens sententia acerba usus est plerumque — exempli gratia, caudam suam censuit a Deo datam muscarum repellendarum causa, sed mallet et cauda et muscis carere. Hic solus inter animalia fundi ridebat nunquam. Si quis rogavit, se aliquid ad ridendum aptum decernere negaret. Arciferum tamen perbene amabat, hoc etsi non confisus est aperte; una haec duo animalia in septo ultra pomarium diebus Solis pascentia impendere consuescebant, etsi nunquam collocuti sunt.

Cum duo equi discumbuissent, grex anaticularum matre amissa agmen in horreum egerunt, quae imbecille tetrinnientes modo huc, modo illuc errabant ad locum inveniendum tutum, ne proculcarentur. Trifolia praecruro magno suo utens quasi muro complexo tuita est, et anaticulae intrinsecus haerentes confestim sopitae sunt. Sero intravit fastidiose Mollia, equa candida inepta cisio Ionesi tractrix, massulam sacchari masticans. Haec praeloco occupato iubam candidam volitavit, taenias enim rubras intextas maxime conspiciendas esse sperans. Postremo advenit feles, qui ex consuetudine locum calidissimum petens inter Arciferum Trifoliamque se trusit; quo in loco Maiore loquente aequo animo murmura emisit quamquam verba inaudiens omnino.

Nunc aderat omne animal nisi corvus mansuetus Moses, qui in pertica pone ostium posticum dormiebat. Cum omnia tranquilla visa essent atque bene exspectarent, Maior faucibus purgatis eloqui coepit:

'Sodales, iam audivistis de somnio mirabili hesterno mihi dato. Sed in somnio serius versabor. Primum aliquid diversi dicam. Non censeo me inter vos multos menses fore, et quanta mihi prudentiae acquisita est ante mortem, ut arbitror, vobis transmittendum. Iam dudum natus, multum tempus in hara solitarius cogitans trivi ut, quot naturae vitae terrestris intellegendum est, tot ipse accepi. Nunc de hoc loqui velim.

'Heu, sodales, qualis est natura vitae nostrae? Concedendum est, vitae nostrae sunt miserae, laboriosae et breves. Nati sumus, satis pabuli accipimus ne animam efflemus, et illi nostrum capaces ad extremissimas vires laborare coguntur; et cum primum ad limitem utilitatis venimus, in illo puncto temporis horrida cum saevitia caedimur. Nullum est animal in Anglia uno anno natus quin beatitate et otio careat. Nullum est animal in Anglia solutum. Vita animalis ex aerumna et servitione consistit: haec vera sunt manifesta.

'Num tamen in his ordinem Naturae vidimus? An est patria nostra egenior quo difficilius vitam honestam incolis afferat? Minime, sodales, dico sescentiens! Habet Anglia humum uberrimam temperiemque bonam, quo facilius pabulum copiosius afferat animalibus pernumerosioribus quam hodie. Solus fundus noster duodecim equos, viginti vaccas, multitudinem ovium alere potest — atque omnes iucundiores et cum dignitate quae animo fingi vix potest nobis. Iam cur ita miserrima perstamus? Quia paene in toto surripitur ab hominibus fructum nostrum laboris. Atque his in verbis, sodales, nobis est resolutio omnium angustiarum. Se habet in verbo singulo — Homo. Nobis est Homo solus hostis verus. Absente Homine, absit in aeternum fons famis vel labor supra quam vires pati possunt.

'Solus Homo inter viventes consumit at non generat. Lac non dat, ova non parit, ad aram tractandam est debilior, lentius currit quominus cuniculos capere possit. Res tamen se habet ut dominus sit omnibus animalibus. Haec laborare coegit, minimum reddit ne fame consumerentur, residuum sibi conservat. Labor noster humum colit, stercus laetificat, sed extra pellem nihil tenemus omnia. Vos ante me visas vaccae, quanta milia urnas lactis anno novissimo dedistis? At quid illae lacti accidit, quae vitulas robustas enutriret? Quot fuerunt guttae, tot in gulas hostium infusae. Atque gallinae, quot ova anno novissimo peperistis, quot autem ova pulli gallinacei facta sunt? Cetera pro Ioneso operariisque suis ad mercatum sunt vendita. Et tu, Trifolia, ubi sunt illi quattuor pulli a te parti, qui te aetate provecta protegere et placere potuissent? Uno anno natus est unusquisque venditus — at quemque videbis nunquam. At de quattuor partubus et labore agresti quid erat fructus, nisi pabulum minimum et stabulum?

'Etiam vitae miserae ad finem naturalem attingere non sinitur. Ipse non musso, nam fortunatus sum. Duodecim annos natus sum, atque plus quam quadringentos proles procreavi. Sic porco est vita naturalis. Sed nullum animal est quin tandem ad cultrum saevum veniat. Vos porcelli prae me sedentes, unoquoque anno non lapso, dum ululatis praebendae sunt cultro cervices. Quisque ad id horrorum attingere debet — vaccae, porci, gallinae, oves, quicumque sit. Etiam equi canesque sortem meliorem non exspectant. Tu Arcifer, illo in die cum musculi ingentes tui viribus caruerint, Ionesus te carnifici vendet, qui cultrum ad cervices mittet et te decoquet ut canes ad venandum aleat. Quod ad canes attinet, quando senescunt et dentibus carent Ionesus laterem ad cervices alligat ut in stagno proximo obruat.

'Nonne, sodales, perclarissimum est visu ut ex dominatione hominum oriantur mala vitae nostrae omnia? Relegato Homine tantum, fructum laboris sit nobis. Mox quidem liberati locupletes fieremus. Iam quid nobis est opus? En, interdiu noctuque laboremus, et corpore et anima, hominum exstirpandorum causa! Sodales, vobis est hoc mandatum meum: Seditionem agite! Quando veniat illa seditio ignoro, sed sive paucis diebus, sive centum annis, quo certe stramentum sub pedem video, eo certius scio iustitiam serius ocius factam iri. Hoc habete in animo, sodales, dum brevi tempore vitas degitis! Atque insuper hoc mandatum meum tradete successoribus, ut progenies usque ad victoriam reportam luctamen proferant.

'Atque mementote, sodales, et curate ne titubet constantia. Vobis est argumento nunquam errare. Nolite credere si auditum est unquam de communi Hominis et animalium lucro, quasi res secundae sunt ambobus. Sic dicitur mendaciter. Homo nullum lucrum fovet nisi suum proprium. Atque sit inter nos animalia sodalitas concordiaque ad certamen perfecta. Omnis homo hostis est. Omnia animalia sunt sodales.'

Nunc erupta est clamor permagna. Dum Maior loquitur, quattuor mures magni ex foraminibus suis serpserant et subsidentes audiebant. A canibus repente aspecti erant ut perivissent, nisi quam celerrime foramina petiverant. Maior praepedem sustulit silentii causa.

'Sodales,' inquit, 'nobis est hoc statuere. Animalia fera, exempli gratia mures et cuniculi – an amici sunt aut nobis hostes? Habeatur suffragium. Haec res contioni propono: muresne sodales sunt?'

Suffragium statim est habitum, et constatum est ut mures sodales essent. Quattuor modo contradixerunt, illi tres canes et illa feles, at haec postea suffragium utroque dedisse inventa est. Maior produxit:

'Pauca plus dicenda habeo. Repeto tantum, semper mementote officium vestrum, quod est hostiliter contra Hominem et eius mores agere. Quodcumque duobus cruribus utitur est hostis. Quodcumque pinnatus vel quattuor cruribus utitur est amicus. Mementote etiam ne contra Hominem luctuantes similes fiamus. Eo etiam superato, nolite vitia eius aemulari.

'Debet omne animal domo nunquam vitam ducere, vel lecto dormire, vel vestimenta gerere, vel spiritu vini uti, vel tabaci fumum haurire, vel pecuniam tangere, vel mercari. Hominum mores sunt pravi. Atque ante omnia, dominetur nullum animal in fortunis suorum. Sive debilis sive fortis, aut astutus aut credulus, una sumus fratres. Nullum interficiat animal alium. Omnia animalia sunt pares inter sese.

'Iam sodales de somnio hesterno docebo. Ipsum somnium depingere non possum. Somnium fuit de futuris Homine vacuis terris. Sed me admonuit de aliqua re quam memoria diu non repetiveram. Me iamdudum porcello, mater et aliae scrofae cantilenam antiquam canebant, cuius numeros meminerant et tria verba tantummodo. Illos numeros ab infante noveram, sed diu in memoriam non revenerant.

'Hesterno tamen nocte in somnio repetivi. Atque repetita sunt verba — verba, ut certe censeo, ab animalibus iamdudum canta, sed ex memoria per saecula perdita. Nunc, sodales, cantilenam illam cantabo. Aetate provectus, ut sum, vocem habeo raucam, sed numeros docebo quo melius ipsa cantetis. Nuncupata est "Animalia Anglicana"'.

Maior Vetustior fauces purgavit et canere coepit. Ut dixerat, vox rauca habebat, sed satis bene canuit, et cantus, inter 'Clementina' et 'La Cucuracha,' stimulabat. Haec erant verba:

*Animalia Anglicana,*
*Animalia ubique,*
*De futuro saeclo aureo*
*Gaudete, o gaudete!*

*Serius dies venit ocius,*
*Victus erit Tyrannus.*
*Sola agrum Anglicanum*
*Animalia solabunt.*

*Ducemur nec instrumentis,*
*Nec alienis anulis,*
*Atque frena in perpetuum*
*Deerunt cum scuticis.*

*Erunt divitiae nobis*
*Plus quam mens conciperet,*
*Habebimus triticum et*
*Copiarum quantumvis.*

*Splendebunt agri Anglicani*
*Aquae quoque purissimae*
*Aurae dulcius se movebunt*
*Libertatis in die.*

*Illa die laborare*
*Nobis est morituris*
*Sive bestia sive aves*
*Iugum reiiciamur.*

*Animalia Anglicana,*
*Animalia ubique,*
*Quae nunc dico mementote,*
*Nuntientur ubique.*

Cantilenam canentes animalia facta sunt furibunda. Quamquam vix percanuerat Maior, ipsa cantare coeperant. Etiam stultissima numeros et nonnulla verba iam didicerant, et quod ad astutissima attinuit, exempli gratia ad porcos canesque, paucis minutis cantilenam memoria tenebant. At tum, nonnullis conatibus iam factis, cuncta fundi animalia 'Animalia Anglicana' canere perbene ac simul coeperunt. Vaccae cantilenam mugiebant, canes vagiebant, oves balabant, equi hinniebant, anates tetrinniebant. Melius placebat cantilena ut animalia quinquiens et sine ulla intermissione percantarentur et, nisi dirempta, per totam noctem cantare continuavissent.

Infeliciter Ionesus tumultu experrectus credidit vulpem in cohorte adesse, ut ex lecto surgeret. Glanduloactorium, quod in angulo cubiculi semper habebat, cepit et in tenebras manipulum glandularum numero VI misit. Glandulae murum horrei penetraverunt, et contio cito se terminavit. Quisque lectum suum petivit. Aves in perticas, animalia in stramento insederunt, ut cunctus fundus dormiret confestim.

# CAPITULUM SECUNDUM

Triduo intermisso Maior Vetustior noctu dormiens tranquille mortuus est. Cadaver ad extremam pomarium inhumatum est. Hoc accidit ineunte mense Martio. Per tres menses sequentes agebantur multa arcana. Oratione Maioris audita, animalia sapientiora vitam dissimiliter quam prius penitus existimabant. Nesciebant quando Seditionem a Maiore praedicatam eveniret, neque erat cur hanc ipsis vivis eventuram esse sciebant, sed ipsis esse praeparatio clare videbatur. Necessarie porcis, qui ceterorum consensu erant astutissimi, erat opus disciplinae ac temperationis. Inter porcos praeeminebant duo iuniores masculi Niviglobus et Napoleon nominati, quos Ionesus ad mercatum saginabat. Napoleon erat verres aspectu aliquantum feroci Bercanus magnus, solus in fundo Bercanus, minus loquax sed fama suasorius plerumque. Niviglobus porcus erat Napoleono vivacior, disertior et habilior ad res excogitandas, sed virtute minor ductus. Ceteri in fundi sures masculi erant porci. Inter hos celeberrimus erat sus parvus pinguis nomine Buccator, buccis teretibus, oculis micantibus, pede agili et voce acuta. Disertissimus erat et, quandoque res difficilis esset disputanda, circumsilire modo huc modo illuc caudamque vibrare solebat modo persuasibillime. Ceterorum consensu, Buccator capax erat qui ater in album mutare posset.

Hi tres porci doctrinam Maioris Vetustioris in philosophiam separatam evoluerant, cui nomen Animalismus dederunt. Nonnullis per septimanam noctibus, dormiente Ioneso, colloquia in horreo arcana habebantur, quo facilius principia Animalismi ceteris explicarentur. Ad initium multa stultitia ac ignaviam offenderunt. Nonnulla animalia de officio Ioneso, quem 'Dominus' appellabant, locuta sunt, vel dictis parum diligenter uterentur, exempli gratia 'Ionesus nos alit. Eo absente fame conficiamur.' Alia 'Cur cum mortua essemus pro cura nobis sit?' rogabant, vel 'Si quoquo modo se habebitur haec Seditio, quo in modo nobis non curantibus est eventus mutatus?', atque haec contra principia Animalismi esse porcis perdifficile erat explicatu. Stultissima Mollia, illa equa candida, rogabat. Primum Niviglobum 'Seditione conclusa,' rogavit, 'nonne saccharum etiamtum habebimus?'

Niviglobus firmiter 'Minime,' respondit. 'Hoc in fundo ratione ad saccharum ferendum caremus. Sacchari autem haud eges. Quot avenae faenique vis, tot habebis.'

'An taenias in comis cervicum intextas gerere licebit?' rogavit Mollia.

Niviglobus 'Mi sodalis,' inquit, 'illae taeniae, quae tibi perbene delectant, sunt insignia servitutis. Nonne libertatem maiore pretio taeniis aestimas?'

Etsi verbis concordavit, Molliae persuasissimum non est visum.

Porcis adeo difficilius erat certamen quo mendacia a corvo mansueto Mose diffusa obstarent. Non solum Moses, qui Ioneso erat deliciae, speculator erat ac delator, sed etiam locutor callidus. Terram occultam nomine Mons Saccharobellarius cognoscere asseverabat, quo iret cum mortuum esset omne animal. Ut dixit Moses, haec terra se habebat in caelo, paulo ultra nubes. In Monte Saccharobellario omnis dies erat die Solis, trifolium omni tempore anni colebatur, et saccharum crassum massaque liniseminis in sepibus gignebantur. Animalia Mosen oderant, quod delator ignavus erat, sed nonnulla fidem Monti Saccharobellario habebant, quo difficilius porcis esset contradicere.

Discipuli fidelissimi erant duo manni, Arcifer et Trifolia. Excogitanda his duobus erant omnia difficillima, sed quam simul a porcis doceri assensi sunt, tota de eruditione tradita argumentis simplicibus utentes cetera animalia certiora faciebant.

Nunquam consiliis in horreo arcanis deerant, ubi 'Animalia Anglicana' canere semper urgebant.Iam, ut se habitum est, modo inexspectato Seditio breviore tempore et facilius peracta est. Usque ad id locorum Ionesus, quamquam exactor durus, agricola capax fuerat, sed calamitates nuper acceperat. Pecuniam litigio perdiderat, ut demissus immoderatius potare coepisset. Nonnullos coniunctos dies in culina sederet in sella vindesorana, acta diurna perlegens, bibens atque per occasionem Mosen frustula cervisia imbuta panis alens. Pigri perfidiosi erant operarii et agri herbis inutilibus pleni, atque tecta aedificiorum reparanda, sepes tondendae ac animalia alenda negligerentur.

Aderat mensis Iunius, et faenum ad metendum maturescebat. Pridie Mediae Aestatis, qui Saturni erat, Ionesus Villingdonam ivit et in hospitio 'Leo Rufus' ebrior factus est ut non ante meridiem Solis domum revenit. Multo mane operarii vaccas mulsaverant, tum animalia alenda neglexerant et abierant ad cuniculos venandos. Cum Ionesus reditus esset, statim in toro oeci facie *Res Mundanae Novi* celata dormiens recubaverat, ut animalia etiam sub vespere non alita essent. Tandem plus sustinere non poterant. Una ex vaccis cornu utens ostium pabulatorii perfregit, ut omnia animalia ex lacibus se alerent. Hoc in exacto temporis puncto experrectus est Ionesus. Puncto proximo, hic cum quattuor suis pabulatorium flagra gerentes invaserunt, qui quoquomodo contunderent. Iam animalia famelica tolerare nequiverunt. Una, etsi consilio parato carentia, in tortores impetum fecerunt. Repente Ionesus suique cornibus ac ungulis undique feriebantur. Sortem componere non poterant. Animalia ita se gerere nunquam ante noverant, ut a pecudibus, quae ex consuetudine invidiaque vexaverant et mulcaverant, perterrerentur. Brevi tempore se protegere conati spem demiserunt qui fugientes salutem peterent. Minuto modo lapso illi quinque cuncti per semitam sequacibus animalibus usque ad viam maiorem currebant.

Matrona Ionesa ex fenestra cubiculi eventus conspexit, celerius nonnulla in vidulum carpsit et ex fundo per aliam semitam furtim egressa est. Moses pertica sua relicta eam secutus est alis plaudens ac clare crociens. Animalia interim Ioneso suisque in viam expulsis portam quinquesseriam strepitu operuerunt. Itaque, etiamsi paene inscia, animalia Seditionem prospere egerant; Ioneso expulso, eis erat Fundus Manorialis.

Pauca prima minuta vix poterant animalia fortunam credere. Actum primum fuit circum fines fundi pede citato una festinare, quasi praecavere ne hominem alicubi celatum sit; dein ad tecta fundi cucurrerunt omnia indicia regnae Ionesi odiosae exstirpatum. Instrumentarium ad extremum equile irruptum est; frena ferrea, circulos nasales, vincula canina, cultros saevos, quibus Ionesus porcorum arietumque castrandorum causa utebatur, in puteum deiecerunt. In cohorte habenas, oculoumbraria, folles nasales foedas in ignem cum quisquilibus combusserunt; flagra quoque. Visis flagris urentibus, nullum animal erat quin laetissime saltaret. Etiam Niviglobus taenias, quibus nundinis ex consuetudine equis caudae jubaeque ornabantur, in ignem iecit.

'Taeniae,' inquit, 'vestimenta esse sint censenda, quasi insignium hominis. Oportet ut omne animal eat nudum.'

His auditis Arcifer petasulum stramenticium, quem aestate gerebat ne muscae in auribus ei penetrarent, petivit ut cum ceteris in ignem iaciret.

Animalia paulo quidem tempore omnia deleverant ne Ionesi

memoriam admonerent. Tum Napoleon ad pabulatorium duxit, ubi demensum duplex frumenti omnibus donavit, atque canibus binas placentulas. Deinde totam cantilenam 'Animalia Anglicana' septiens continenter cecinerunt, seseque tranquillata ut per noctem quasi nunquam ante perbene dormirent.

Sed prima luce ex consuetudine experrecta, repente eventum gloriosum meminerant ut una in pratum praecipitanter cucurrerunt. In prato propinquo erat grumus unde fundum plerumque videndum. Animalia ad summum grumum ruerunt ut omnia clara antemeridiana luce illuminata contemplarentur. Ita vero, eis erant omnia conspicienda! Quo plus hac notione excitata ubique ludebant, eo plus laetabunda per aerem exsultabant. In rore volutabant, gramen aestivum dulce carpebant, pinguem odorem glebarum atrarum ungulis remissarum olfaciebant. Deinde omnem fundum circumiverunt inspectum, ut arvum et pratum faenarium et pomarium et stagnum et silvulam elinguia admirarentur. Erat quasi his nunquam ante aspectis, atque etiamtunc sese omnium possessores vix crederent.

Tum tecta fundi repetiverunt et ad ianuam domi silentio substiterunt. Haec eis erat quoque, sed timebant quominus intrare possent. Brevi tamen tempore Niviglobus et Napoleon humeris utentes ianuam aperuerunt ut animalia singillatim intrarent quae perdiligenter ambulabant ne aliquid turbarent. Exspectatione erecta de cella in cellam ibant, metu susurrare coacta atque verecundia affecta luxuriem incredibilem, lectos cum culcitis plumis stipatis, specula, grabatum pilo equino fartum, tapetem Bruxellarum, in oeco supra focum imaginem lapidofactam Reginae Victoriae aspicientia. Scalas descendentia Molliam abesse noverant. Regressa cetera illam in cubiculo optimo moratam invenerunt. Taeniam caeruleam de mensa Matronae Ionesae cubiculari captam iuxta armum tenebat, et speculo ineptissime se suspiciebat. Ea a ceteris obiurgata foras itum est. Nisi nonnullae pernae ex culina ademptae humandi causa et in cella panaria dolum cerevisiae ungula Arciferi perfractum, sub tectum nihil corruptum est. Constatum est nemine contradicente ut domus qua museum conservandum esset, atque ne ullum animal unquam habitaret.

Animalia ientaverunt, tumque Niviglobus et Napoleon revocaverunt.

Niviglobus 'Sodales,' inquit, 'sexta hora et dimidia est, et ante nos diem longam habemus. Hodie faenum carpere incipiemus. Primum tamen est aliquid alii colere.'

Nunc porci cetera docuerunt, quo certius scirent illos vetere libello syllabarum, quem inter libros Ionesi fuerat et inter quisquilias inventus erat, tres menses utentes legisse ut scribere discerent. Napoleono duce, ollis pigmenti et atri et albi arcessitis ad portam quinquesseriam quae ad viam maiorem stabat duxit itum est. Tum Niviglobus (is enim erat scriptor optimus) peniculum inter duos ungulae articulos cepit, qui nomen FUNDUS MANORIALIS de summa porta oblitteravit ut FUNDUS ANIMALIUM superscriberet. Hoc erat futurum fundi nomen. His perfectis ad tecta fundi ierunt, ubi Niviglobus et Napoleon scalas arcesserunt, quas ad extremum horrei murum poni iusserunt. Explicaverunt se tres menses coluisse, ut ipsi porci principia Animalismi in heptalogum premere potuissent. Haec septem praecepta nunc in muro scriptura essent; legem immutabilem exprimerent quam omne in Fundo Animalium animal in aeternum observaret. Non sine difficultate (nam porco multum abest quo facilius in scalis se libret) Niviglobus ascendit laborare, dum Buccator ollam pigmenti infra nonnullis gradibus tenet. Praecepta in muro atro picato litteris magnis albis scripta sunt ut procul triginti passuum legerentur. Haec erant:

*SEPTEM PRAECEPTA*

1. *Quodcunque duobus cruribus utitur est hostis.*
2. *Quodcunque quattuor cruribus utitur, vel alas habet, est amicus.*
3. *Animalibus est interdictum vestimenta gerere.*
4. *Animalibus est interdictum lecto dormire.*
5. *Animalibus est interdictum spiritum vini bibere.*
6. *Animalibus est interdictum aliud animal interficere.*
7. *Omnia animalia sunt paria.*

Concinne scripta erant et, nisi pro 'amicus' erat 'amcius' et unum elementorum 'S' inversum, syllabas verborum accurate ordinatae. Niviglobus pro beneficio ceterorum praecepta recitavit. Omnia animalia annuerunt, atque astutiora statim praecepta ediscere coeperant.

Peniculo abiecto Niviglobus 'Iam sodales,' inquit, 'ad pratum faenarium! Res cum virtute gerenda est, ut fruges citius quam Ioneso suisque carpamus.' Sed ad id locorum illae tres vaccae, quae spatio longiore perturbatae videbantur, sonore mugire coeperant.

Iam viginti quattuor horas non mulctae erant, ut ubera paene se rumperent. Cum porci brevi excogitavissent, situlis arcessitis vaccas prospere mulxerunt, ungulae enim suae labori erant aptae. Mox quinque situlae lacte spumoso erant plenae, quo multa animalia alliciebantur.

Erat quae 'Quid de lacte eveniet?' rogavit.

Gallina 'Ionesus cum hordeacea nostra,' inquit, 'aliquando miscebat.'

Napoleon 'Sodales,' inquit, 'lac est vobis non cura!' ante situlas se ponens. 'Hoc curabitur. Fruges maioris momenti sunt. Sodalis Niviglobus ducet. Nonnullis minutis ipse sequar. Agetedum, sodales! faenum vos exspectat.'

Itaque animalia ad pratum faenarium ambulaverunt qui fruges carpere coepissent, et cum sub vespere regressa essent, lac abesse animadvertum est.

# CAPITULUM TERTIUM

Quo modo operam dabant et ad faenum carpendum sudabant! Sed conamen compensationem copiosam accepit, quantam enim messem exspectaverant multo iam exsuperaverunt.

Nonnunquam labor erat perarduus; ferramenta agrestia non animalibus sed hominibus adaptata erant, atque perincommodum erat ut nullum animal dum posterioris modo pedibus stabat implemento uti poterat. Sed astutiores erant porci ut nullo impedimento fallerentur. Quod ad equos attinebat, nullum erat agellum quin novissent, et de facto artes demetendi ac radendi Ioneso suisque intelligebant melius. Porci re vera non laborabant, sed ceteros dirigebant et observabant. Hi calliditate antecellentes ducebant natura. Arcifer et Trifolia sectorio vel rastello sumpto (nec frenis ferreis nec habenis nunc utebantur sane) agrum constanter circumambulabant dum porcus sequens a tergo 'Age, citius!' vel 'Ohe! lentius,' iubet. Atque omne animal humillimum etiam laborabat faeni evolvendi carpendi causa. Sole lucente etiam anates gallinaeque tota die modo huc modo illuc operam dederunt, faeni fasciculos ferentes. Tandem acta est messis biduo minus quam consuetudine Ionesi suorumque. Maximae autem erant fruges quibus unquam ante in fundo visae maiores. Nulla fuit effusio; gallinae et anates oculis acutis agentes omnem quemque caulem carpserant. Neque animal buccellam etiam furatum est.

Tota per aestate opus fundi sicut horologium agebatur. Beatius animalia vivebant quam concepissent unquam. Nunc, quod suis erat pabulum proprium productum, maximam ex omni pabuli buccella voluptatem accipiebant, nec a domino aegre dabatur. Absente nequam parasito hominum genere, plus erat pabuli omnibus. Quamquam imperita erant animalia, magis otiebantur. Saepe impediebantur — exempli gratia, multo anno cum opus esset frumentum percipere more antiquo, quod nullam habebat fundus machinam terentem, pede tutuderunt et exspirans ventilaverunt — sed porci callidi cum Arcifero immani lacertoso semper erant pares ad laborem. Nullum animal erat quin Arciferum vehementer admiraretur. Etiam Ioneso domino multum ad operam dederat, sed videbatur nunc quasi tres; nonnunquam, ut videbatur, de armis praepotentibus suis pendebat omne fundi opus. De mane in vesperem pellebat an vellebat, atque semper ubi labor difficillimus aderat. Cum uno gallinorum composuit ut ceteris maturius semihora expergisceretur, qui sponte sua ante laborem quotidianum ipse opus ad necessitatem aspectum acciperet. Cum orta essent problemata vel adversae fortunae, responsum semper dedit 'Fortius laborabo!' — quae verba pro praecepto suo accepit.

Sed nullum erat animal quin laboraret, quot posset. Gallinae et anates, exempli gratia, granorum carpendorum studio ad frumentum viginti modios addiderunt. Omnia animalia nec furata nec dimensum miserata sunt, nec sunt rixata, neque admordebant nec aemulata, ut mos dierum priorum paene evanuisset. Nullum — vel paene nullum — animal detrectavit. Certe Mollia multo mane surgere nolebat, et more maturius cessavit quod ungula calculum ceperat. At feles aliquantulum singulariter se gerebat. Mox animadvertum est ut, cum laborandum esset, feles abesset. Multas horas non visa, aut pabuli hora aut sub vespere, cum cetera laborem finivissent, rursus appariret, quasi nihil evenerat inusitati. Semper tamen se perbene excusabat, et amantius murmurabat, quominus animus eius bonus non crederetur. Assus vetus Beniamin Seditione peracta mutatus ex toto non videbatur. Sicut Ioneso domino lente et obstinate laborabat, neque detrectabat nec curam praecipuam sua sponte dabat. De Seditione huiusque eventibus nunquam arbitrari voluit. Cum rogatus esset si absente Ioneso laetior esset, modo 'Assi perlongas vitas degunt,' loqueretur. 'Nemo est quin assum mortuum nunquam vidit,' at opus erat ceteris ut hunc ambiguum responsum acciperent.

Diebus Solis non laborabant. Una hora tardius ientabant, et post ientaculum officium per singulas septimanas certo habebatur. Primo vexillum tollebatur. Niviglobus mantele Matronae Ionesae colore viridi instrumentario repudiatum invenerat, in quo pigmento albo utens ungulam ac cornu depinxerat. In horto vexilli ad summum contum die quoque Solis mane subducebatur. Ut explanavit Niviglobus, color viridis pro rure Angliae stabat, et ungula cornuque illam Rem Publicam Animalium futuram significabant, quae everta gente humana denique exstitura esset. Vexillo subducto, cuncta animalia in horreum magnum advocabantur, ut haberetur conventus communis, qui Colloquium nuncupatus est. Hic res septimanae proximae efficiendas intenderunt; hic autem consilia proposita agiterentur. Semper nullum animal nisi porcus consilium proponeret. Cetera animalia quo in modo suffragium haberetur, sed consilia propria excogitare nunquam poterant. Niviglobus et Napoleon disputatores erant vehementissimi. Sed, ut animadversum est, inter hos nunquam erat consensum: quodcumque ad animalia ab alterutro latum est, obsisteret alter. Etiam cum statutum esset — ac haud per se deterrimum — ut septum ultra pomarium pro animalibus longius laboris incapacibus seponeretur, furiose de aetate quoque pro genere propria disputatum est. Semper ultimo Colloquii actu cantilena 'Animalia Anglicana' canta est, et post meridiem ad omnem animi recreationem lusumque descenderunt.

Porci ipsis instrumentarium seposuerant. Inter vesperos hoc in loco libros ex domo nactos legebant artium fabrorum et ferrariorum et lignariorum studendorum causa. Niviglobo etiam cura erat qui cetera animalia deligeret et in coetus, quos appellavit Circulos Animalium, componeret. Impiger erat hoc in studio. Composuit gallinis Circulum Oviparum, vaccis Foedus Mundocaudatum, Circulum Sodalibus Feris Restituendis (cui officium erat murium cuniculorumque domitandorum), ovibus Circulum Lanae Candidioris Avidum, et alios diversos; classes autem legendi ac scribendi causa. Plerumque consilia defecerunt. Conata exempli gratia de feris restituendis fere statim haesiverunt. Sicut prius se gerere perrexerunt, et liberaliter tractati beneficium acceperunt tantum. Feles Circuli Restituendis socia nonnullas diebus valde egit. Uno die in tecto sedere visa est, passeribus ex tactu modo loquentem. Hos certiores faciebat ut omnia iam animalia amici essent, ut unusquisque in pedem insideret; sed passeres spatium tenebant.

Classes tamen legendi ac scribendi prospera fortuna utentur. Aestate praeterita omne fere in fundo animal aliquantum erat eruditum.

Quod ad porcos attinuit, legere ac scribere iam potuerunt perfecte. Canes artem legendi bene didicerant, sed nisi Septem Praecepta nihil legere volebant. Muriel illa capra melius paulum canibus legere poterat, atque aliquando ex particulis diurnis actorum scriptis inter quisquilias inventis. Quam bene porcus quisque legere poterat, tam bene Beniamin, sed facultate numquam usus est. Quod ad eum visum est, dixit, dignum eius oculorum erat nihil. Trifolia litterarum omnium nomina didicit, sed verba legere nequivit. Arcifer litteram D transcendere non potuit. A, B, C, D in pulvere ungula magna sua scriptas, auribus retroflectis stans diligenter intueretur, aliquando cirrum quassiens, summis viribus proximam petens, sed numquam in memoriam revenit. Nonnunquam E, F, G, H quidem didicit, sed A, B, C et D nunc oblitum erat. Tandem notas quattuor primas laetitiam satis cepit, et in singulos dies has scriberet memoriae renovandae causa. Mollia nisi illas quinque quibus nomen suum utebatur litteras discere recusavit. Has ex particulis surculorum compte fingeret, dein nonnullis floribus ornaret et admirans circumambularet.

Nullum alium in fundo animal plus quam elementum 'A' discere potuit. Etiam repertum est ut stultiora animalia, exempli gratia oves, gallinae et anates, Septem Praecepta ediscere non possent. Multa ex cogitatione, Niviglobus Septem Praecepta in unam sententiam reducenda posse renuntiavit, scilicet 'Quattuor crura bono, duo malo'. Dixit in hoc esse omnis Animalismi vis. Quicunque hoc acceperit ab hominibus non suaderetur. Aves primum improbabant, quod duo quoque crura habere videbantur, sed Niviglobus verum aliter esse eis probavit.

'Ala avis, sodales,' inquit, 'est pars corporis non ad tractandum sed ad impellendum adaptata, ergo sicut crus habenda. Homini est manus, quo utens auctor est malorum.'

Aves longa Niviglobi verba non intellexerunt, sed ratione accepta omnia animalia humiliora novam sententiam ediscere coeperant. Scriptum est QUATTUOR CRURA BONO, DUO MALO super Septem Praecepta et litteris maioribus in muro horrei extremo. Simul atque edidicerant, oves sententiam multum amabant, ut in agro iacentes saepe 'Quattuor crura bono, duo malo! Quattuor crura bono, duo malo!' iterum iterumque balare incipirent, at nunquam ita delassati sunt.

Napoleon circulos Niviglobi praetermisit. Ut dixit, disciplina progeniei referebat plus quam aliquid progenitoribus faciendum. Haud multo post messem faeni, eventum est ut ambae Jessica et Campanula catulos parerent et in toto novem. Napoleon hos, simul atque ab ubere depellati erant, a matribus ademit instituendi causa, ut dixit. Sursum in altam cellam duxit, quae per scalas ex instrumentario tantummodo attingenda esset, ubi remotiores clausit quo facilius cetera animalia eorum mox obliviscerentur.

De lacte arcanum est mox explanatum. Quotidie in farraginem porcorum commiscebatur. Nunc mala prima maturescebant, ut his vento deiectis herba pomarii substrueretur. Animalia sane haec aequaliter partita iri exspectaverant; sed uno quodam die mandatum est ut mala vento deiecta carperentur et ad instrumentarium pro porcibus afferentur. Nonnulla hoc mota animalia demorata sunt, sed frustra. Omnes porci de mandatum consenserunt, Niviglobus et Napoleon etiam. Buccator ad cetera missus est explicandi causa.

'Sodales!' clamavit. 'Ut mea est spes, nos porcos nec beneficio nec hoc causa nostra facere credere non velitis? Re vera multi nostrum lac malaque abhorrent. Ipse abhorreo. Haec accipientes valetudinem conservare agimus tantum. In lacte et malis (et hoc a philosophis naturae, sodales, demonstratum est) sunt materiae quae funditus sunt porcis ad vivendum necessariae. Nos porci cerebris laboramus. De nobis pendet omnis fundi administratio et structura. Interdiu noctuque salutem vestram protegimus. Pro vestro bono illud lac bibimus et mala edimus. At si nos porci officium nostrum neglexerimus, nonne futurum notum habetis? Ita vero, habete pro certo Ionesum reventurum. Num sodales,' clamavit Buccator quasi causam defendens, 'Num est inter vos qui Ionesum reventurum esse vult?' et caudam cruresque agitans.

Iam hoc erat quod unum pro certo habebant animalia, scilicet Ionesum non reventurum maluerunt. Hoc in modo cum explanatum esset, plus non erat dicendum. Habebant enim porcorum salutem conservandam esse. Nemine contradicente constatum est ut lac et mala vento deiecta (cetera etiam mala cum maturati essent) porcis reservarentur solum.

# CAPITULUM QUARTUM

Exigua parte aestatis reliqua, quod ad Fundum Animaliam novi erat per dimidiam comitatus partem dilatum est. Quotidie Niviglobus et Napoleon agmina columbarum miserunt quae animalia fundorum vicinorum petita de Seditione certiora facerent atque 'Animalia Anglicana' docerent.

Agricola Ionesus hos per dies in cella cuparia hospitii 'Leo Rufus' Villingdonae plerumque sedebat, ubi querelas cuicumque audenti ederet de inuria in se imposita nefaria, quo iniquius a turba animalium nequam dominium suum auferetur. Ceteri agricolae ex sententia consentiebant, sed primo vix subvenerunt. Horum re vera quisque in pectore utrum Ionesi mala in fortunam suam essent mutanda annon excogitabat. Feliciter accidit ut possessores duorum fundorum ad Fundum Animalium adiunctorum in simultate perpetua essent. Alter nomine Vulposilva erat fundus magnus, derelictus, priscus, nimium silvosus, cum pascuis nimium attonsis et sepibus male curatis. Huius dominus honestior Pilkington erat affabilis agricola ingenuus, qui plerumque et secundum tempestatem dies in piscatu vel venatu degebat. Alter fundus Artaprata nuncupatus minor erat et melius asservatus. Huius possessor honestior Fridericus erat homo lentus et astutus, qui indesinenter litigabat et pacta petebat cum multa asperitate. Uterque alterum magis oderat quo difficilius consentirent, etiam pro bono mutuo.

Nihilominus Seditione animalium nota pertimebant, quo plus sollicitarentur ne animalia sua nimium de illa discerent. Primum ridentes ipsam fundi ab animalibus administrandi notionem contemnere arroganter simulabant. Dixerunt rem quindecim diebus finitum fore. Animalia Fundi Manorialis (cuius nomen Fundus Manorialis esse urgebant; nomen 'Fundus Animalium' tolerare non poterant) perpetuo inter se rixare asseverabant necnon citius, quia pabulo carebant, moribunda esse. Cum tempus lapsum esset atque animalia manifeste infamelica non perivissent, Fridericus et Pilkington more mutato de nequitia, quae nunc in Fundo Animalium florescebat, dira loqui coeperant. Editum est ut illa animalia zoöphagismum colerent, equisoleis candentibus inter ipsos cruciarent, et feminas haberent inter se communes. Ut dicebant Fridericus et Pilkington, iure Naturae expulso eveniunt talia.

Hae tamen fabulae nunquam plene creduntur. De fundo mirabili, ubi animalia hominibus expulsis sua gerebant, pervagabatur etsi formis incertis et detorsis, et illo in anno agebatur omne per rus seditiose. Tauri olim dociles subito feram naturam repeterent, oves sepibus perruptis trifoliam devorarent, vaccae situlas everterent, equi venatici recusarent sepes transilire, ut equites in alterum latus superiacirentur. Sed prae ceteris, cantus etiam verba carminis 'Animalia Anglicana' ubique nota erant. Carmine audito, homines perirascerent, etsi ridere modo simularent. Ut dicebant, intellegere non poterant quominus animalia etiam talias nugas abiectas canerent. Quidquid animal id canere auditum verbera statim accepit. Neque carmen tamen non continendum. Merulae ex sepibus sibilabant, columbae inter ulmos murmurabant, cantus per fragorem officinarum ferrarium et tinnitum campanarum audiebatur. At homines cantum audientes introrsum tremebant, quod sortem in eo praenuntiatam providebant.

Ineunte Octobri mense, cum frumentum carptum coacervatum esset atque pars etiam triturata, agmen columbarum advenit per aere rotans quod percommotum in cohortem Fundi Animalium devolaret. Dixerunt Ionesum cum omnibus suis, sex ex Vulposilva ac Artapratis aliis comitatum, porta quinquesseria praeterita secundum semitam ad tecta fundi venire. Omnes baculos gerere nisi Ionesum, qui glanduloactorium ferens agmen ducebat. Manifeste ad fundum recapiendum accedebant.

Iam hoc dudum exspectatum erat, ut consilium praeparatum haberent. Niviglobus, qui veterem de bellis Iulii Caesaris domi inventum librum perlexerat, opus ad tegendum curabat. Cito mandata edidit, ut duobus minutis lapsis omne animal positum est.

Dum homines ad tecta fundi appropinquant, Niviglobus primum impetum iussit. Cunctae columbae, quarum triginta quinque erant, supra capita hominum rotantes fimum ex aere abiecerunt; atque dum homines cum hoc agerent, anseres ultra sepem celati exsiluerunt qui suras eorum pinserent. Hoc tamen praelusio fuit tantum, quo facilius sit creatum tumultulum, atque homines baculos gerentes facile anseres reiecerunt. Nunc Niviglobus aciem secundam in pugnam misit. Muriel, Beniamin et omnes oves duce Niviglobo procurrentes undique homines truserunt et cornibus feriverunt, dum Beniamin conversus ungulas parvas remittit. Sed homines baculos et caligas clavatas gerentes iterum erant fortiores; at Niviglobus subito ganniens receptum iussit, ut omnia animalia se verterent et per portam in cohortem fugirent.

Multa cum laetate exclamatum est ab hominibus. Hostes fugivisse crediderunt, ut effreni persequerentur. Hoc voluerat Niviglobus exquisite. Quam simul homines cohortem penetravissent, tres illi equi, tres illae vaccae cum ceteris porcis, qui una in bubile celati insidiabantur, subito a tergo egressi sunt praecludendi causa. Nunc Niviglobus impetum signo iussit. Ipse Ionesum petivit statim. Hoc viso, Ionesus glanduloactorium sublatum commovit. Glanduli lineas cruentas secundum tergum Niviglobi scalpserunt, et unus ovis moriens cecidit.

Non etiam brevissime moratus, Niviglobus libras suas ducentas contra crura Ionesi egit. Ionesus in sterquilinium iactus est, atque glanduloactorium ex manibus elapsum. Sed spectaculum omnium torvissimum erat Arcifer, qui sicut equus admissarius se erigens ungulis magnis ferreatis feriebat. Primo quidem icto sinciput agasonis ex Vulposilva percussit, ut puer in luto iaciret exanimis. Facinore aspecto, nonnulli homines baculis depositis fugire conati sunt. Pavor hos invasit, quos animalia cuncta non morata circum cohortem agitarent. Nullum in fundo erat animal quin suo more ulcisceretur. Feles etiam de tecto in humeros bubulci subito desiluit ut cervices ei unguibus suis rapiret et horribiliore modo eiularet. Mox brevi non interclusi homines levamine accepto ex cohorte sese effundere potuerunt viam petitum. Itaque incursione finita ignominiosi quinque intra minuta cursu inverso regrediebantur, ab anseribus quoque exsibilati et ad crura pisti.

Omnes homines regressi sunt nisi unus. In cohorte Arcifer agasonem, qui pronus in luto iacebat, ungula pulsabat. Puer non motus est. ‘Mortuus est,’ inquit triste Arcifer. ‘Hoc nolui. Me ungulas ferratas gerere oblitus eram. Nonne nemo est quin me consilio fecisse crederet?’

Niviglobus cruore
ex vulneribus etiamnunc fluente ‘Animum molliorem,’ inquit ‘omitte, mi sodalis! Bellum est semper bellandum. Nullus homo bonus nisi mortuus est.’

Arcifer lacrimas mittens ‘Vita privare nolo, homini etiam.’

Erat qui ‘Ubi Mollia?’ exclamavit.

Mollia de facto deerat. Brevi animalia perturbata sunt; timebant ne homines ei quodammmodo laesissent, vel etiam abduxissent. In fine tamen, in stabulo celata capite sub faeno in patina abdato inventa est. Glandulis missis auditis confestim fugiverat. Atque ea inventa, cetera animalia regressa sunt, quae agasonem, qui de facto exanimatus erat tantum, ipsum recollectum effugivisse reperirent.

Nunc animalia, quidque altissima voce res in pugna gesta sua enarrans, summo furore excitata denuo congregata sunt. Statim et sineconsilio habita est celebratio victoriae. Vexillo sublato, 'Animalia Anglicana' pluries canta est, et his perfectis illa ovis interfecta in scrobem crataegulo ornatam sollenniter posita est. Iuxta scrobem Niviglobus oratiunculum dedit, quo instantius sententiam repeteret ut omni animali rebus cogentibus dulce et decorum esset pro Fundo Animalium mori.

Animalia insigne militare 'Heros Animalium Classicus' creare una anima statuerunt, quod etiamtunc collatum est Niviglobo et Arcifero. Hoc ex phalerae aeneae (re vera, ornamenta equina in instrumentario inventa) constitit, diebus Solis vel festis gerendum. Erat quoque 'Heros Animalium, Secundae Classis', quod ovi mortuae inhumatae collatum est.

De pugna nuncupanda multum est dissertum. Tandem Pugna Bubilis nominata est, quod illo loco ex insidiis erat impetus deductus. Glanduloactorium Ionesi in luto iacens inventum erat, atque missilium copia domi exsistere nota sunt. Constatum est ut hoc, quasi tormentorum, ad imum vexilli contum poneretur, et bis in anno commotum fore — semel die anniversario Pugnae Bubilis pridie idibus Octobris, iterum die anniversario Seditionis media aestate.

# CAPITULUM QUINTUM

Progrediente hieme, Mollia molesta facta est plus plusque. Mane semper ad laborem serius advenit quod, ut se excusaret, diutius dormiverat, vel dolore corporis premebatur, etsi habet aviditatem pabuli. Nullum erat praetextum quin labore cessato stagnum peteret, ut inepte imaginis ab aquis redditae suae spectandae causa staret. Exstabant tamen de aliquo gravioris rumores. Uno die dum Mollia caudam longam suam vibrans et culmum faeni masticans in cohortem hilare deambulat, Trifolia hanc seduxit.

'Mollia,' inquit, 'aliquid gravissimi est, quod dicere debeo. Hodie mane trans illam sepem, quae Fundum Animalium a Vulposilva separat, te aspicere vidi. Homo a Pilkingtono adhibitus ultra sepem stabat. Atque — etsi propinqua fui, paene pro certo hoc habeo visum — tecum colloquebatur, et ei patiebaris ut nasum tuum mulceret. Quid hoc significatur, Mollia?'

Mollia 'Ita non agebat! Non patiebar! Falsum est!' clamavit, quae insultare et terram pedibus pulsare coeperat.

'Mollia! Me aspice facie in faciem. Num tota cum honestate illum hominem nasum tuum non mulsisse dicis?'

Mollia 'Falsum est!' iteravit, sed faciem Trifoliae aspicere nolebat, et brevi morata tantum citatis gradibus in pratum exivit.

Cogitatum in animo Trifoliae venit. Nullo verbo ceteris dicto ad stabulum Molliae ivit quae stramentum ungula pervolveret. Sub stramento celatum invenit acervulum massularum saccharis et nonnulla fascicula taeniarum varie fucata.

Triduum post Mollia evanuit. Nonnullas septimanas est de ea nullum notum. Dein columbae eam ultra Villingdonam visam rettulerunt. Inter temones cisii lauti rubro nigroque picti fuerat, qui iuxta ad cauponam stetit. Hominem dixerunt obesum rubicundum esse, braccis quincunciali ordine distinctis indutum et ocreas gerere, qui ipse caupo videretur, nasum ei mulsisse et massulas sacchari dedisse. Molliae villi nuperrime tonditi esse et ipsam ad frontem taeniam coccinam gerere. Ut dixerunt columbae, se oblectare videbatur. Nullum animal rursus Molliae nomine usum est.

Mense Ianuario advenit tempestas perfrigida. Humus sicut ferrum indurata est, et in agris nihil erat faciendum. Multa colloquia in horreo magno habita sunt, atque porci labori idoneae ad tempus venturum deliberandae studebant. Paulatim habitum erat ut porci, qui sollertia cetera animalia manifeste praecellerunt, rationis fundi quaestiones excogitandas decernerent, etsi sententiae parte animalium maiore comprobandae. Haec compositio satis bene efficeretur, nisi inter Niviglobum et Napoleon saepe disputatum est. Quotiens erat res disputanda, totiens inter se dissentiebant. Si alter hordeum spatiosius serere volebat, alter avenae segetem maiorem posceret, at si hic agrum ad brassicas, ille hunc ad radices solum colendas idoneum esse censuit. Uterque suos habebat, ut nonnunquam altercaretur iracunde. Per Colloquia Niviglobus disertissimus maiorem numerum saepe persuasit, sed Napoleon extra consilia pro se melius agitabat. Hic oves de sententia sua deduxit. Oves 'Quattuor crura bono, duo malo' sive tempestive sive non balare nuper coeptaverant, et Colloquium ita saepe interruperunt. Ut animadvertum est, Niviglobo loquente 'Quattuor crura bono, duo malo' ad punctum gravius balarent. Niviglobus, qui nonnullas editiones priores *Agricolae et Pecuario* domi inventas sedulo perlegerat, multa consilia de rebus novis ac melioribus in animo habebat. De fossis incilibus, de herba insirumata et de scoria alcalina erudite loquebatur, et rationem nododam elaboraverat per quam omnia animalia stercus in locum quotidie diversum agrorum accurate deponerent, ut laborem vecturae evitarent. Napoleon, etsi nulla sua proposuit, consilia Niviglobi casitura esse tranquille dixit et occasionem exspectare videbatur. Sed ex omnibus controversiis erat nulla acerbior quam illa de mola venti.

In longo prato, a tectis fundi haud procul, erat grumus, qui altissimus erat fundi locus. Cum mensuram terrae egisset, Niviglobus hunc idoneum declaravit locum ad molam venti construendam, quae machinam electricam agens toto fundo vim suppeditaret. Haec non solum stabula illustraret et hieme tepefaceret sed etiam rotosecarium, paleasecarium, pastinacarium et machinam mulgentem aleret. Animalia nunquam ante certiora de talibus rebus erant facta (fundus enim priscus machinatione inchoatiori modo utebatur), et attonita audiebant quandoque Niviglobus imagines machinarum, quae animalibus in agris tranquille pascentibus vel legendi vel colloquendi mentes meliores facientibus pro eis laborarent, vanas eliciebat.

Nonnullis lapsis septimanis, Niviglobus tota consilia operi molae excogitaverat. Singulas res machinationis ex tribus Ionesi codicibus adeptae sunt — *Mille Res Domi Agendae* et *Si Quis Laterum Structor Fieri Vult*, et *Vis Electrica Tironibus*. Niviglobus pro bibliotheca sua casa, quae olim ad incubationem reservata erat aequaliter tabulata et ad depingendum apta, utebatur. Hoc in loco multas una horas solitarius ageret. Libris apertis lapide defixis, et frustulum cretae inter articulos pedis gerens, huc et illuc rapide se movens, commotione animi vagiens, lineas lineasque depingeret. Depingendi studio paulatim est evoluta ratio multiplex uncorum actuariorum et rotarum dentatarum, quae dimidiam partem contabulationis occupavit, et quibus alia animalia quamquam non intelligentia permota sunt. Unusquisque saltem quotidie venit lineamenta Niviglobi aspectum. Etiam gallinae et anates venerunt, at diligenter pedes ponerent ne notas cretatas detergerent. Solum Napoleon non attigit. Ab initio contra molam venti steterat.Quodam die tamen praeter exspectationem venit lineamenta inspectum. Consulto casam interiorem circumambulans penitus in lineamenta se insinuavit, animam per nasos nonnunquam traxit, tum ex angulo oculi conspiciens constitit; at subito crus sustulit, in lineamenta minxit et nullo verbo dato discessit.

Totus fundus re molae venti perruptus et divisus est. Quin mola difficilis esset structu Niviglobus haud negavit. Opus esset lapidem caedere murorum struendorum causa, tum erant vela facienda, et post haec machinae electricae restesque cupreae adipiscendae. (Quomodo hae compararentur, Niviglobus non explanavit.) Sed omnia uno modo anno perfici posse asseveravit. Atque postea, ut professus est, minus foret opus necessarium ut animalia per septimanam tres dies tantum laborare deberent. Napoleon per contrarium in fructum maximo opere augendum argumentatus est, ne tempore in molam struendam nimium dissipato fame enecarentur. Animalia in factiones sententiis duabus divisa sunt, 'Assenti Niviglobo et septimanae tribus diebus' vel 'Assenti Napoleono et praesepi repleto'. Solum Beniamin neutrae factioni studebat. Neque pabuli abundantiae nec molae venti laborem parcenti credere potuit. Sive molam vento haberent sive non, sicut semper ipsa vita ageretur — videlicet, male.

Praeter rixas de mola venti erat quaestio fundi tuendi. Etiamsi homines in Pugna Bubilis superati erant, plene constatum est ut fundum recipere denuo firmius conarentur, Ionesi restituendi causa. Praesertim hoc volebant, quod totum per rus clades bene nota est, quo etiam contumacius se gererent animalia fundorum vicinorum. Niviglobus et Napoleon, ut eorum erat mos, inter se dissidebant. Ex sententia Napoleoni, opus erat animalibus fusillas adipisci, quibus uti studerent. Ex sententia Niviglobi, columbas plus plusque mittere debebant, qui seditionem inter animalia fundorum aliorum foverent. Hic suaderet ne immunita vincerentur, ille ut seditione ubique orta se protegere non deberent. Animalia primum Napoleonum, tum Niviglobum audirent, quo difficilius disceptare possent; semper quidem cum praesenti locutore consentirent.

Denique aderat exspectata dies, ubi forma a Niviglobo excogitata erat perfecta. Colloquio proximi diei Solis ab omnibus constatura esset sententia de mola venti aedificanda. Cum animalia in horreo magno convenissent, Niviglobus ad dicendum surrexit et, quamquam balatu ovium nonnunquam interruptus, ratione sua de mola venti construenda suasit. Tum Napoleon surrexit ut responsum daret. Tranquillissime dixit notionem molae venti absurdam esse, monuit ne aliquis suffragium secundum daret, et mature resedit; vix triginta secunda locutus erat, et de eventu sermonis paene incuriosus est visus. Nunc Niviglobus iterum surrexit, oves denuo balantes superavit, et aestuose pro mola venti appellare coeperat. Usque ad id locorum sententiae animalium inter sese adaequaverant, sed Niviglobus facultate sermonis instanter persuasit. Verborum coloribus usus est, quo Fundum Animalium, cum tergos animalium labor sordidus diutius non oppressi essent, facilius depingeret. Fingebat nunc praeter paleasecaria vel pastinacaria. Vis electrica, ut dixit, non modo tribula, aratra, irpices, cylindros, vehicula ad metendum et religatoria aleret sed etiam ad omne stabulum adderet lumen, calorem et aquam sive calidam sive frigidam. Cum peroravisset, nullum fuit dubium quin prospere argumentatus esset. Sed ipso in puncto temporis surrexit Napoleon qui, Niviglobo cum insolentia aspecto, more antehac nunquam noto acute vagivit.

Nunc ex foris horrendum in modo est allatratum, atque novem immanes collaribus clavis aeneis ornati canes in horreum prosiluerunt. Statim ad Niviglobum procurrerunt, qui ex loco suo siluit ut haud multo dentes arripientes evaderet. Non moratus ostium praeterivit a canibus petitus. Attonita ac perterrita quominus loqui possent, omnia animalia per ostium se presserunt ad venatum observandum. Niviglobus trans longam pratam ad viam avolebat. Sicut nullum animal nisi porcus currere potest currebat, sed canes ad vestigia sequebantur. Subito lapsus est, ut pro certo captum iri videretur. Rursus cum surrexisset ocius quidem currebat, tum canes paene consecuti sunt. Unus horum caudam Niviglobi paene dentibus cepit, sed Niviglobus felix evasit. Tum praeterea pedem acceleravit ut anguste illaesus per hiatum sepis transiret, et nunquam postea in conspectum venit.

Tacita pavida animalia in horreum lente regressa sunt. Citius canes denuo irruperunt. Primo omnia animalia nesciebant unde hi orti erant, sed mox certiora facta sunt: catuli erant a Napoleono de matribus arrepti, quos arcane educaverat. Etsi non iam adulti canes erant immanes et sicut lupi atroces visu. Vestigiis Napoleoni adhaerebant. Animadvertum est ut caudas coram illo sicut olim canes coram Ioneso leniter attererent.

Nunc Napoleon canibus comitatus in illam partem tabulati sublati ascendit, ubi condiderat sese Maior oratiunculi dandi causa. Colloquia diebus Solis mane habita nuntiavit delenda esse. Horum necessitas deerat, dixit, et temporis erant iactura. Posthac, omnes de effectiendis fundi quaestiones a consilio porcorum extraordinario ipso Napoleono duce constitutum iri declaravit. His consiliis secreto se habitis, cetera animalia de decretis docerentur. Diebus Solis semper animalia convocatum iri, ut vexillam salutarent, 'Animalia Anglicana' canerent, et mandata septem diebus proximis reciperent; abolerentur disputationes. Tametsi Niviglobo expulso perturbata, animalia his nuntiatis pavefacta sunt. Nonnulla interpellare vellent, nisi argumenta propria excogitare potuissent. Arcifer etiam molestia quasi per nebulam afferebatur. Aures remisit, cirrum frontis aliquoties agitavit, et clare cogitare conatus est; denique quod diceret invenire non potuit. Nonnulli tamen ipsi porci facilius articulare poterant. Quattuor porculi ex primo ordine acutis vocibus dicta respuerunt, surrexerunt, at simul eloqui coeperant. Sed canes qui Napoleon circumsedebant repente frementes minati sunt, ut porculi taciti residerent. Tum fortissime oves 'Quattuor crura bono, duo malo!' balatum coeperant, ut quartam horae partem productum disputationis occasio praecluderetur.

Posthac Buccator missus est qui fundum circumambulans novam dispositionem explicaret.

'Sodales,' inquit, 'ut credo, omne animal recte aestimat quod maximi deposuit Sodalis Napoleon, qui ipsi laborem superaddit. Cavete, sodales, ne ducere pro voluptate habitum crederetis! Per contrarium, ducere est onus grave officii suscipere. Censuit Sodalis Napoleon omnia animalia paria esse, qua sententia nemo praecellat. Nihil eum placeret quin ipsi disceptaretis. Aliquando tamen male excogitaveritis, sodales, et quod tunc eveniret?

'Facete ut Niviglobum de molis venti garrientem credideris — Niviglobus ille qui, ut nunc scimus, re vera nefarie se gessit?'

Erat qui 'Fortiter in Pugna Bubilis se gessit,' dixit.

'Virtus satis non fecit,' inquit Buccator. 'Graviores sunt fidelitas et obtemperatio. Quod autem ad Pugnam Bubuilis attinet, opinor partes a Niviglobo gestas in maiores factas esse, ut olim videbitur. Sodales, certis viribus ad modestiam et continentiam agite! Sic est hodierna tessera. Uno tantum gradu falso facto, denuo hostes nos inciderent. Num sodales, Ionesum reventurum esse vultis?'

Hoc argumentum denuo refellere non poterant. Certe animalia Ionesum haud desiderabant; si colloquia diebus Solis habita Ionesumredditum efficerent, cessent colloquia. Arcifer qui res excogitatas nunc habuit, pro omnibus 'Si dicit Sodalis Napoleon, verum est necessario' locutus est. At postea praeceptum 'Napoleon recte iudicat semper' ad 'fortius laborabo' suum addidit.

Ad hoc tempus anni caeli tempestas melior facta erat, ut coepisset vernalis aratrio. Casa illa ubi Niviglobus delineaverat molam venti clausa erat, et haberentur lineamenta de tabulato erasa esse. Omne quoque die Solis animalia in horreo magno convocata sunt qui mandata septem diebus proximis reciperent. Calvaria Maioris Vetustioris de pomario exhumata at nunc a carne purgata in stipite ad vexillocornum et glanduloactorium iuxta posita est. Vexillo sublato animalibus erat praeter calvariam reverenter ire antequam in horreum progredirentur. Quamquam dudum omnia animalia una, iam ita non sederent. Napoleon, Buccatore et tertio porco nomine Minimus, qui carmina cantiunculasque perfacilius componere poterat, comitatus in citeriore tabulato sublato catulis illis novem pone coronatus, et pone hos ceteri porci, sederet. Napoleon militari more et aspera voce mandata proximae septimanae enuntiaret, atque carmine 'Animalia Anglicana' semel modo canto omnia animalia dissiparent.

Ab Niviglobo expulso die Solis tertio animalia nonnihil attonita sunt, quod Napoleon edidit ut molam venti constructum iri saltem vellet. Etsi animo mutato rationem non dedit, animalia monuit ut hoc addito opere fortius etiam laborare deberent; forsitan pabulum edere minus necesse esset. Opus tamen subtiliter paratus erat. In hoc consilium porcorum selectum tres septimanas operam dederat. Mola venti nunc varie emendata biennio spatio erat aedificanda.

Vespere eiusdem diei Buccator cetera animalia separatim certiora fecit ut Napoleon nunquam molam venti reapse refractus esset. Per contrarium, ipse in ingressu suaserat, at forma a Niviglobo in tabulato casae ad incubationem reservatae delineata de scriptis Napoleoni privatis furtim subducta erat. Mola venti erat de facto a Napoleono creata. Cur, rogavit aliquis, ille igitur vehementius consilio contradixerat? Buccator hic versutissimus videbatur. Hoc more erat Sodalis Napoleon astutior. *Videbatur* tantummodo molam venti refragari, quo facilius Niviglobus, qui natura dubia male movebat, expelleretur. Nunc absente Niviglobo interversore producendum erat consilium. Ita, ut dixit Buccator, ordinibus vel rebus quasi militaribus utebantur. Multum 'Ordinibus, sodales, ordinibus!' iteravit saltans et aperte cacchinans caudam quassans. Etsi significatio verbi animalibus incerta, Buccator tribus canibus comitatus forte ut erat et bene loquens suasit, ut rationem redditam sine ulla dubitatione reciperent.

# CAPITULUM SEXTUM

Totum per illum annum, animalia sicut servi laborabant. Laborantia tamen gaudebant; quia omnia sciebant sese non pro turba hominum ignavorum furacium agere sed pro sese et successoribus suis, neque labori nec iacturae faciendae pepercerunt.

Sexaginta horas omne quoque septimana laborabant, at Napoleon iussit ut in mense Augusto pomeridiano tempore operam darent etiam diebus Solis. Hunc laborem ad voluntatem darent, sed alio animali absenti dimidiam partem pabuli recusaretur. Nihilominus quaedam opera facere non potuerunt. Fruges perceperunt proximo anno nonnihil minores, et duobus agris, quod aratrionem non tempestive peragere potuerant, nova aestate radices non severant. Duram igitur hiemem venturam exspectabant.

Mola venti erat praeter exspectationem difficilis aedificatu. Erant in fundo lapicidinae saxi calcarei bonae, et in quadam casa largum sabulum calcemque Portlandianam invenerant, ut omnes ad aedificationem aptas materias haberent. Sed animalibus erat problema primum non solutum, quod saxa maiora in fragmenta reducere non poterant. Ut visum est, nisi dolabris vel lateribus ferreis, hoc labor nullo modo perficeretur, quippe nullum enim animal posterioribus pedibus stare potuit. Multis tantummodo septimanis lapsis ac multo perfecto labore animo alicuius creta est resolutio idonea — quae erat, ut ipsa gravitate saxorum uterentur. Immania saxa, maiora quo difficilius in usum verterentur, in imis lapicidinis ubique iacebant. Funibus his alligatis, animalia vel vaccae, equi, oves, quodcumque animal funem tenere poterat — porci etiam ad tempora dubia aliquando subvenirent — sursum perdifficillime vel lentissime ad summas lapicidinas una traherent, ut trans marginem saxum protruderent frangendi causa.Saxum modo fractum auferre facillime poterant. Equi plaustris utentes transportarent, oves singula saxa traherent, etiam Muriel et Beniamin pro parte ad cisium iuncti conferrent. Multa aestate copiis satis ad opus collectis, a porcis curata, incepta est aedificatio.

Sed ratio erat tarda operosa. Saepe singulum modo in die saxum ad summas lapicidinas quam laboriosissime trahere possent, et aliquando de margine propulsum non frangeretur. Nisi aderat Arcifer, qui viribus suis cuncta cetera animalia exaequare videbatur, nihil efficere potuissent. Quoties saxum labi coeperat, ut animalia retractarentur et desperanter exclamarent, toties Arcifer omnes nervos contra funem contendens saxum refraenavit. Illo sursum contra acclivitatem unciatim desudare viso, terram summis ungulis scalpere dum pili laterum sudore concrescant, nullum erat animal quin penitus admiraretur. Trifolia aliquando monuit ne nimium affectaretur, sed Arcifer eam nunquam audiret. Duo praecepta sua, 'fortius laborabo' et 'Napoleon recte iudicat semper' habebat pro omni problemate sufficere. Cum gallo finxerat ut mane praemature nunc non triginta sed quinque et quadraginta minutis expergisceretur. Atque punctis temporis vacuis nunc raris solus ad lapicidinas iret, ut sine ullo adiutore plaustrum saxo fracto impletum ad locum molae venti designatum traheret.

Animalia illa per aestate commode vivebant, quamquam enixe operam dabant. Etiamsi pabulum non maius quam Ioneso domino, neque minus recipiebant. Quia omissis quinque hominum luxuriosis se ipsos modo pascere debebant, utilius erat quo difficilius multae defectiones praeverterent. Saepe animalia more habiliore suo operam minuere poterant. Runcationem exempli gratia modo hominibus infecto agere poterant. At nullo furtifico animali, sepimenta inter arvum et pascuum demovere poterant, ut opus conservandi minueretur. Nihilominus continuante aestate apparebant diversae lacunae necopinatae. Egebantur oleum paraffinum, clavi, resticula, caniplacentulae et ferrum soleis equorum aptatum, quae non erant fundi fructus. Egerentur serius ocius semina et stercus artificiosum, instrumenta rustica et postea demum machinamenta molae venti. Quo modo compararentur, nemo erat quin ignoraret.

Mane quadam die Solis, Napoleon animalia mandatorum recipiendorum causa congregata certiora de novo consilio suo fecit. Deinde Fundus Animalium cum fundis vicinis commercaretur: neque hoc ad ipsum commercium pertineret sane, sed tantum ad omnia quae erant acriter utilia modo. Dixit molam venti omnia praevertere. Ipse igitur struem faeni partemque novae segetis triticiariae vendere componeret, et tardius, si opus esset pluris pecuniae, ova Villingdonae semper essent vendenda. Gallinae igitur, ut dixit Napoleon, hac de collatione ad molam venti aedificandam praecipua laetari deberent.

Denuo animalia incerte perturbantur. Nunquam rationem cum hominibus habere, nunquam commercari, nunquam argento uti — nonne Ioneso expulso haec inter consilia maturissima in primo laetabundo Colloquio fuerant? Omnia animalia memoriam taliorum consiliorum repetere poterant; ita arbitrata sunt saltem. Quattuor illi porculi, qui Colloquiorum a Napoleono deletorum recusaverant, elocuti sunt etsi timidius, sed canes horrendo more fremuerunt ut prompte conticerent. Tum, ut fieri solebat, oves 'Quattuor crura bonuo, duo malo!' cantare coeperant ut brevis imperitia dispelleretur. Tandem Napoleon pede sublato silentium imposuit et omnia iam esse disposita nuntiavit. Opus animalibus deerat quominus cum hominibus rationem haberent, quod expetendum haud erat. Solus ipse omnia ageret. Quidam iurisperitus Whymper, qui Villingdonae habitabat, inter mundum et Fundum Animalium negotiari consenserat, et omne quoque die Lunae matutine ad fundum veniret mandata receptum. Napoleon ex consuetudine 'Vivat Fundus Animalium!' clamans orationem finivit, atque cum 'Animalia Anglicana' canuisssent dimissa sunt.

Postea Buccator per fundum circumambulans animalibus animos revocavit. Ut suasit, consilium contra mercaturam et argenti usum nunquam approbatum nec propositum erat quidem. Solum ex cogitatione erat depictum, et veri simile erat ex mendaciis Niviglobi ortum. Nonnulla animalia adhuc subdubitabant, sed callidus Buccator 'Hoc, sodales, nonne somniavistis? Num talis consilii conscriptionem habetis? Num exstat alicubi instrumentum?' rogavit. At quod pro certo nulla talis res scripta erat, animalia erravisse se credebant.

Die quoque Lunae, Whymper ad fundum ut erat consensum venibat. Erat brevi corpore homo cum hirsutis genis, iurisperitus qui, etsi negotio suo parvi momenti, astutior erat paribus quo maturius Fundum Animalium novisset procuratore egere cui bona honoraria inferentur. Animalia hunc advenire et discedere aspectabant tali cum formidine quo plus aversarentur, quot possent. Nihilominus Napoleono quadrupede Whymperum duobus cruribus utentem iubere viso, spiritus eis augeretur et partim in novem morem redigerentur. Ad hoc locorum, hominum necessitudo aliquantulum mutata erat. Homines Fundum Animalium nunc bonis rebus non minus, sed plus plusque quidem oderant. Nullum erat homo quin penitus crederet Fundum Animalium creditoribus serius ocius decocturum et, prae ceteris, molam venti defecturum esse. In hospitibus congregati inter sese simulacris utentes molam venti certo collapsuram comprobarent an, si de facto structam esset, nunquam prospere eventum iri. Etsi tamen nolebant, summam industriam ad suas res ab animalibus appositam aliquantum admirabantur. Hoc indicaverunt cum nomine proprio Fundum Animalium nuncupare coepissent et simulare eius nomen Fundus Manorialis esse desivissent. Ionesum etiam defendere desiverant, qui de fundo restituendo desperavit et alium in comitatu locum nunc habitabat. Adhuc nisi Whympero negotiatore mundus exterus Fundum Animalium non tetigit, sed de Napoleono assidue dicitur ut negotium sive cum honestiore Pilkingtono Vulposilvae domino sive Friderico Artapratorum habiturum esset — sed nunquam, ut animadvertum est, cum ambobus simul.

Idem circa tempus porci domum habitare subito statuerunt. Denuo animalia consilium contra hoc diebus priscis captum memini credebant, sed Buccator iterum graviter contradicere potuit. Necesse erat praecise, ut dixit, quo melius porci qui fundo erant pro cerebro, locum haberent tranquillum ad laborem idoneum. Dignitati Ducis (nuper enim in Napoleonum agnomen 'Dux' conferre coeperat) erat quo aptius in domo, potius humili suili habitaret. Nihilominus nonnulla animalia conturbantur, cum certiora facta essent ut porci non solum in culina cibum acciperent et in oeco ad omnem animi recreationem ludumque descenderent, sed etiam in lectis dormirent. Ut fieri solebat, Arcifer 'Napoleon recte iudicat semper' dicens hoc ferebat, sed Trifolia, quae certe contra lectos statutum esse credebat, ad extremum horreum ivit, ut Septem Praecepta illic inscripta legere conaretur. Quod singulis modo litteris legere poterat, Murielem arcessivit.

'Muriel,' inquit, 'Quartum Praeceptum lege. Nonne aliquid est quo certius lecto dormire proscriptum sit?'

Muriel nonnulla cum difficultate res scriptas persecuta est.

Tandem renuntiavit 'Omni animali est interdictum lecto dormire *linteis ornato*'.

Mirabiliter tamen Trifolia Quartum Praeceptum de linteis mentionem fecisse non meminerat; sed, quia in muro erat, non dubitavit quin falso meminisset. At Buccator, simul forte praeterirens duobus an tribus canibus comitatus, totam rem clare enodare potuit.'Nonne, sodales,' inquit, 'novistis nos porcos nunc in domo lectis dormire? At cur non? Num statutum esse contra lectos habetis? Lectus est admodum locus ad dormiendum aptum. Strues stramenti in stabulo est lectus, proprie habita. Praeceptum erat contra *lintea*, quae a hominibus inventa sunt. Linteis de lectis demovimus, ut inter stragula dormiremus. Atque lecti illi, quam molles sunt etiam! Sed molliores haud praeter necessitatem, sodales, inquam, quoniam tot nobis est nunc opus cerebri. Num sodales requiem nobis privare velitis? Num nos perfatigatos videre velitis, quo difficilius munera perfungeremur? Num est nemo quin Ionesum reventum libenter habeat?'

De hoc animalia statim eum erexerunt, atque nunquam de porcis lectis dormientibus rursus dictum est. Aut postea nonnullis diebus cum nuntiatum esset ut porci tardius una hora ceteris surgerent, questum non est.

Ineunte auctumno, animalia fessa erant etsi laeta. Annum eis fuerat durum, et partibus faeni ac frumenti venditis, pabulum hiemi reservatum vix copiosum erat, sed mola venti omnibus rependebat. Nunc paene erat haec semistructa. Demessis frumentis, erat tempestas caeli clara, quo enixius animalia operam darent ut omnem per diem massas saxeas trahentes, quod ita muros altiores uno pede plus fecisse maxime aestimabant, huc et illuc tardo gradu progrederentur. Arcifer etiam solitarius noctu egressus sub luna messoria nonnullas horas laboraret. Dum otiabantur, animalia molam semistructam circumambularent, ob firmitatem et ad perpendiculum rectitudinem stupefacta et mirantia quod spectaculum tam magnificum aedificare poterant. Beniamin vetustior solus de mola venti laetari noluit, quamquam, ut suus erat mos, nihil diceret nisi assorum vitam longam esse per ambages asseveraret.

Iam aderat mensis Novembris, at fremebant venti ab occasu brumali. Aedificare cessaverunt, quod umidius erat ut mortarium parare non possent. Tandem noctu advenit ventus perfurens quo facilius tecta fundi labefacerentur et nonnullae tegulae de tecto horrei deiicerentur. Gallinae perterritae, quod una in somnio glanduloactorium procul commotum esse audiverant, strigentes experrectae sunt. Postridie mane animalia ex stabulis egressa vexillocornum constratum et ulmum quasi raphanus evulsum esse aspexa sunt. His nuperrime animadversis, ex faucibus cunctorum animalium erupit clamor desperatus. Aliquid erat horrendum visu. Molam venti ruinam conspexerant.

Una ad locum procurrerunt. Napoleon, qui ambulans pedem raro accelerabat, cetera duxit. Ita vero, ruina illic iacebat, fructus ipse eluctationum, solo aequata, ut saxi illi, quos fractos tam operose traxerant, ubique dissipati essent. Primum fari nequentia, struem saxorum caecam maeste intuentia stabant. Napoleon tacitus subinde terram olfaciens spatiabatur. Caudam nunc rigidam vellicabat, quo indicaretur acer cogitatio. Subito constitit quasi animo nunc certo.

'Sodales,' inquit tranquille, 'nonne perpetratorem novistis? Nonne hostem illum qui de noctu venit ad molam venti perrumpendum novistis? NIVIGLOBUS!' subito voce tonitro simili, 'Hoc Niviglobus fecit! Inveterata cum malevolentia, proditor ille arcano sub nocte advenit et opus nostrum unum paene annum factum delevit. Sodales, hic sententiam in Niviglobum nunc dico, ut poenas morte det. Si quiquam ad iustitiam duxerit, "Heros Animalium, Secundae Classi"s et semimedimnum malorum accipiet. Si vivens captus erit, totum medimnum!'

Quod etiam Niviglobus taliter se gesserat, animalia offensa sunt ultra modum. Indignatione mota acclamaverunt, et nullum erat quin Niviglobum, si unquam redivisset, capiendi modum excogitare coepisset. Paene statim vestigia porci in herba ab grumo non procul inventa sunt. Paucos modo passus indagare poterant, sed ad hiatum sepis ducere videbantur. Odore naribus diligenter capto, Napoleon vestigia a Niviglobo facta esse affirmavit. Iudicavit Niviglobum ex Fundo Vulposilvano accessisse.

Vestigiis perscrutatis, Napoleon ‘Nil morari,’ clamavit, ‘nunc opus est! Est labor faciendus. Hoc ipso die molam venti restituere coeperimus, et omnem per hiemem tempestate sive foeda sive serena laborabimus. Hoc miserum proditorem de opere nostro non facillime delendo certiorem faciamus. Hoc mementote sodales, mutanda haud sunt consilia nostra: ad diem perficienda. Sodales procedamus! Vivat mola venti! Vivat Fundus Animalium!’

# CAPITULUM SEPTIMUM

Vis frigorum acerborum hieme excepit. Tempestates atroces a procellis niveis nonnunquam grandine mixtis praeteritae sunt; deinde gelu durum usque ad multum mensem Februarium acutum nocebat. Quot poterant, animalia molam venti restituere tot conata sunt, dum mundum exteriorem spectare et homines invidos nisi mola ad diem finita laetaturos esse sciunt.

Malevolentia moti homines molam venti non a Niviglobo deletam esse credere dissimulabant; hanc decidisse tantum, quod muri tenuiores fuerant. Animalia hunc casum sciebant non se habuisse. Nihilominus constitum erat ut muri novi crassi tres pedes construerentur, potius quam ut ante sesquipedales, quo plus saxa colligenda essent. Quod lapicidinae aggeribus niveis diu sunt repletae nihil agere poterant. Etsi per sequentem tempestatem gelidam siccam progressum est aliquantum, labor perdurus erat, quo animalia minus sperarent. Haec semper erant frigida, fereque esuriebant. Solum inter animalia Arcifer et Trifolia nunquam animo non fracta sunt. Buccator de laetitia officii vel dignitate laboris perbene prolocutus est, sed ceterorum animalium ex viribus Arciferi vel huius praecepto 'Fortius laborabo!' animi certius incitabantur.

Mense Ianuario erant angustiae rei frumentariae. Redacto diurno frumento, editum est ut per compensationem augeretur ratio solanorum tuberorum. Dein inventum est ut tuberibus, quae cumulata non satis tecta erant, gelu acutiori magnum damnum factum esset. Erant tuberorum nunc mollium decolorum pauca modo edulia. Saepe animalia nihil nisi aceres vel betas albas ederent. Nihil nisi extremam famem exspectabant.

Opus erat haec celare ne cognosceret mundus exterior. Animo mola venti collapsa aucti, homines de Fundo Animalium nova mendacia suggerebant. Simul atque iterum rumores promovebant de animalibus extrema fame vel morbo morientibus, quae zoöphagismum et naticidium colerent. Napoleon mala futura, si res de difficultate annonae ipsa nota esset, bene praevidebat ut Whympero uti statueret quo facilius de contrario suaderet. Adhuc animalia Whymperum septimo quoque die ventitantem vix contigerant: nunc tamen nonnulla animalia exquisita, plerumque oves, docta sunt quae forte illo audienti de frumento diurno aucto mentionem facerent. Porro Napoleon lacus in horreo fere vacuos paene repleri arena, quam frumento ac farina celaretur, iussit. Per speciem aliquam Whymper per horreum ductus est, qui locus brevi conspiceret. Ille deceptus perferre continuabat quo certius mundus exterior crederet Fundus Animalium pabulo non carere.

Nihilominus finiente mense Ianuario manifestum erat ut plus frumenti alicunde adipiscendum esset. His in diebus Napoleon foris videbatur raro, sed in domo, quae ad omnem angulum a canibus truculentis custodiebatur, totum tempus degit. Utcunque apparuit, ipse officii studiosus a sex canibus, qui aliquo appropinquante fremerent, confertis comitatus est. Etiam mane Solis saepe non aspectum est, sed mandata per alium porcum, Buccator fere, dedit.

Buccator mane quadam diei Solis pronuntiavit ut gallinae, quae nuperrime parire ingressae erant, ova tradere deberent. Napoleon, per officia Whymperi, pactum acceperat quo suppeditarentur omni quoque septimana quadringenta ova. Haec tanti venderentur ut frumentum ac farinam emere possent, quo certius fundus usque ad aestatem et statum meliorem conservaretur.

Hoc audito gallinae acclamationem adversam extulerunt. Hac de traditione eis monitum erat futura veri simile esse, sed credere non potuissent. Ova congerebant pullationis vernalis causa, atque asseverabant ova nunc abripere parricidium esse. Erat primum ab Ioneso expulso aliquid seditionis. Ducibus tribus Nigris Minorcanis pullis, gallinae consilia Napoleoni disiicere fortiter conabantur. Itaque canteriis petitis ova parirent, quae in solum lapsa frangerentur. Celeriter ac aspere egit Napoleon. Iussit ut pabulum gallinis praecise negaretur, et decrevit ut solitario grano frumenti gallinae dato reum animal poenas capitis daret. Haec mandata a canibus exsecuta sunt. Tres dies gallinae sese sustinuerunt antequam deditione facta nidos repetiverunt. Gallinarum novem interim periverant. Harum cadavera in pomario humata sunt, et ratio mortis coccidiosis fuisse pronuntiata est. His de rebus nihil audivit Whymper, atque ova recte reddita sunt, ut rheda cibarii semel in septimana ad fundum adveniret ea ablatum.

Haec dum aguntur Niviglobus nunquam visum erat. Sermone eum in fundo proximo vel Vulpesilvano vel Artapratano se celare latum est. Napoleon nunc res cum ceteris agricolis nonnihil melius quam ante gerebat. Forte erat in cohorte abhinc decem annos congeries materiae posita cum silvula fagea expeditus esset. Iam materia non viridis erat sed durata et bene firma. Itaque Whymper Napoleonum suaserat ut venderet; et honestiores Pilkington Fridericusque emere multum ambo volebant. Incertus hos inter duos Napoleon dubitabat. Ut animadvertum est, quandoque Fridericus secundari visus, Niviglobum Vulposilvae se celare, sed Pilkingtono fauto Artapratorum relatum est.

Ineunte vere, subito aliquid gravis inventum est. Niviglobus fundum noctu versabatur arcano! Animalia perturbatiora sunt ut in stabulis dormire vix possent. Omni quoque nocte, ut dicebatur, tenebris celatus furto adveniret fundum diversis consiliis nocitum. Frumentum subduxit, mulctras evertit, ova fregit, seminaria conculcavit, corticem pomiferarum arborum corrosit. Quandoque aliquid mali factum est, fere Niviglobo tributum est. Si fenestra fracta an fossa incilis obsepta erat, nullum dubium quin aliquis diceret Niviglobum noctu advenisse factum, atque cum clavis horrei amissa esset, fundus cunctus credidit Niviglobum in puteum iecisse. Mirabile dictu, clave amissa sub sacco farinae inventa etiam credere continuabant. Vaccae una asseverabant ut Niviglobus dum dormiunt in stabula veniret mulgere. Etiam mures, qui illo hieme multum perturbaverant, socios Niviglobi esse crederentur.

Napoleon decrevit ut gesta Niviglobi plene investigarentur. Dum ille canibus ut erat comitatus consuetis tecta fundi diligenter circumit, cetera animalia cum summa reverentia procul secuta sunt. Paucis quoque gradibus sisteret, ut solum naribus vestigia Niviglobus peteret, quae, ut dixit, odore internoscere poterat. Naribus et in omne angulo et in horreo et in bubile et in gallinaribus et in horto olitorio petivit, quo plus indicia Niviglobi inveniret. Rostrum ad solum mitteret, naribus nonnunquam peteret, et voce dira praedicaret, 'Niviglobus! Hic adfuit! Facilius naribus novi!' et verbo 'Niviglobus' audito canes una perferociter fremerent dentesque genuinos ostenderent.

Animalia perterrebantur. Niviglobus quasi manus caeca visus est, qui aera circum ea invaserat, et omnibus periculis minabatur. Buccator sub nocte ea convocavit et facie pavida de aliquo novi gravi se nuntiaturum dixit.

Buccator trepide anxieque subsultans 'Sodales!' clamavit, 'aliquid terribilissimi repertum est. Niviglobus in servitutem se dedit Friderico Fundi Artapratorum qui etiamnunc nos aggredi molitur ut fundum nostrum eripiat! Incipiente impetu Niviglobus pro illo in statu ducis aget. Sed est quam hoc aliquid peioris. Seditionem Niviglobi credideramus solum ex vanitate atque ambitione ortam esse. Sed erravimus, sodales. An germanam rationem novistis? Niviglobus ab ipso initio fuit Ioneso socius! Semper arcano pro Ioneso agebat! Haec omnia demonstrata sunt ex scriptis ab eo relictis nuperrime inventis. Censeo, sodales, multa nunc explicata esse. Ipsi nonne eum tentavisse ut per Pugnam Bubilis superaremur — eventu tamen inauspicato — et everteremur vidimus?'

Obstupefacta sunt animalia. Hanc nequitiam censebant molae venti a Niviglobo in ruinam factam antecedere. Sed non sine paucis minutis lapsis in mentem accipere potuerunt. Nullum erat animal quin memoriam repetere posset — vel repetere se crederet — Niviglobi per Pugnam Bubilis prae eos procurrentis, qui ubique colligendi causa hortatus ac qui, etsi tergo glandulis ex glanduloactorio Ionesi vulnerato nunquam cunctatus esset. Difficile primo erat intellectu quo in modo socius simul esset Ioneso. Adeo Arcifer raro quaesitor dubitavit, qui decubuit praeungulis sub pectus trusis et oculis clausis, ut animi intentione prodigiosa facta sententiam componeret.

'Id non credo,' dixit. 'Niviglobus in Pugna Bubilis fortiter egit. Ego ipse vidi. Nonne posthac eo "Heros Animalium Classicu"s extemplo contulimus?'

'Ita erravimus, mi sodalis. Nam hodie scimus — iam omnia in scriptis inventis arcana habemus — eum tentavisse nos in exitium vero illicere.'

'Sed vulneratus est,' inquit Arcifer. 'Eius ex vulneribus cruorem fluere omnes vidimus.'

Buccator 'Perfidiae erat pars!' suasit. 'Glandulae Ionesi destrinxerunt solum. Si legere posses, hoc ab eo ipso scriptum monstrarem. Per consensionem Niviglobus cardine accepto receptum iussit, quo facilius hostes vincerent. Atque paene prospere evenit — dixissem etiam, sodales, eum omnino prosperavisse, nisi intercedit Dux noster fortis

Napoleon. Nonne meministis Niviglobum, cum Ionesus cum suis iam in cohortem adesset, repente tergum dedisse ac multa animalia secuta esse? Nonne meministis autem Sodalem Napoleon ad id locorum accurate, nostris pavore adfectis et desperantibus, “Pereant humani”! clamantem prosiluisse qui dentibus crus Ionesi cepit? Hoc nonne meministis, sodales?’ exclamavit Buccator saltans.

Iam eventibus a Buccatore ita ad vivum depictis, animalia meminisse credebant. Nihilominus, memoriam repetebant de Niviglobo qui ad cardinem pugnae tergum dederat. Sed Arcifer etiamtunc trepidabat.

Tandem ‘Niviglobum ad initium,’ dixit, ‘fuisse perfidum non sum persuasus. Dissimilius nuper fecit. Sed eum in Pugna Bubilis bonum fuisse sodalem habeo.’

Buccator ‘Dux Noster,’ nuntiavit, ‘Sodalis Napoleon,’ lente ac graviter loquens, ‘praecise dixit — praecise, o mi sodalis — Niviglobum ab initio pro Ioneso egisse asseveravit — ita vero, iam atque ante Seditionem excogitatam pridem.’

‘Heu, est aliquid diversi!’ inquit Arcifer. ‘Si Sodalis Napoleon ita docet, verum est.’

‘Sic tibi bona anima!’ respondit Buccator, etsi visus est invidiose ex ocellis scintillantibus Arciferum aspicere. Abiturus declinavit, sed breve moratus prodigialiter ‘Omne animal,’ addidit, ‘hoc in fundo moneo ut oculos semper habeat apertos. Credimus enim nonnullos Niviglobi indices etiamnunc arcane inter nos latitare!’

Quarto post die, sole occidente, Napoleon iussit ut omnia animalia in cohorte congregarent. Eo cum advenissent Napoleon, ambobus nomismatibus suis (etenim ‘Heros Animalium Classicus’ atque ‘Heros Animalium, Secundae Classis’ ipse factus) ornatus et novem canibus suis immanibus, qui saltantes frementes metum absolutum ceterorum animalium facesserunt, comitatus ex domo egressus est. Conticuerunt omnia animalia ut trepidabant immota quae, ut visum est, praemonitura erant de atrocitate exspectata.

Napoleon immotus severe circumspexit; dein tono alto eiulavit. Statim canes prosiluerunt qui quattuor porcos captis auribus de dolore stridentes ac perterritos ad pedes Napoleoni traherent. Aures porcorum cruorem emittebant, et canes sanguine gustato dementerunt, ut visum est, nonnullos temporis punctos. Obstupuerunt cetera animalia cum tres canes ad Arciferum proripuerunt. His aspectis Arcifer magnam ungulam ostendit ut canem salientem caperet quem ad terram depressit. Canis eiulans clementiam petit, at duo sui sociis caudis retractis fugerunt. Arcifer Napoleonum intuitus est ut sciret utrum canem ad mortem contunderet an liberaret. Napoleon animo simulate mutato Arciferum aspere iussit ut canem liberaret, atque ungula Arciferi sublata canis contusus ululans se subduxit.

Tumultus mox decrevit. Illi quattuor porci, qui improbitatem ostendebant vultibus singillatim, trementes exspectabant. Nunc Napoleon flagitavit eos crimina fateri. Hi porci iidem erant qui, cum Colloquiis dierum Solis a Napoleono deleta essent, dissentiverant. Non plus incitati se cum Nivoglobo ab hoc expulso arcane relexisse confessi sunt, atque de mola venti delenda operam contulisse et pactionem de Fundo Animalium Friderico tradendo fecisse. Docuerunt autem Nivoglobum secreto confessum esse ut clam pro Ioneso diu egisset. Horum confessione data canes iugulaverunt confestim, atque Napoleon voce torvissima poposcit si aliud animal aliquid confiteri voluit.

Nunc prosteterunt illae tres gallinae olim tumultus de ovis tentatae duces, quae commemorarent Niviglobum in somnis apparuisse, qui de mandatis Napoleoni recusandis urgeret. Hae quoque trucidatae sunt. Dein anser prostetit qui per messem prioris anni sex aristas occultavisse, quas noctu ederet, se fassus est. Tum ovis dulce stagnum mingendo — ut dixit, a Niviglobo ursa — contaminavisse fassa est, et duae aliae veterem Napoleono perdeditum arietem, quem male tussientem circum incendium agitaverant, necavisse fessae sunt. Hi omnes ex vestigio occisi sunt. Itaque crevit index confessionum necisque, donec a fronte Napoleoni iacebat strues cadaverum, et ubique gravis foetor cruoris, qui a Ioneso expulso adfuerat nunquam.

Cum finitum esset, animalia quae superfuerant, exceptis porcis canibusque, una deseruerunt misera ac tremebunda. Sive perfidia animalium Niviglobi sociorum sive poenis saevis nuperrime visis, mota erunt quae inter atrocitates non possent cernere. Etsi caedes iam dudum saepe acciderat par, iam opinata sunt inter sese nunc accidisse aliquid multum peius. Usque a Ioneso digresso, nullum interfecerat alium animal. Vero neque mus interfectus erat. Vagientia in illum grumum ubi stabat mola semistructa venti venerunt, ubi — Trifolia, Muriel, Beniamin, vaccas, oves et grex anserum gallinarumque copiosus — omnia vero nisi felis, qui ante mandatum Napoleoni datum subito evanuerat, una quasi calorem petentia decumpserunt. Nemo per nonnullas minutas locutus est. Solus stabat Arcifer. Hic inquietus latera strinxit cauda sua longa atra et interdum hinnitum improvisum edidit. Tandem elocutus est:

'Non comprehendo. Ut talia facinora in fundo nostro fore possent nunquam credidissem. Necesse est ut in nosmet aliquid culpabile. Ut opinor, enixius operam dare oportet. Dehinc hora maturiore mane exsurgam.'

Atque tolutim operose ad lapicidinas profectus est. Eo cum venisset duo onera saxi ad molam ventis traxit antequam pernoctandi causa lectum petivit.

Animalia tacita circum Trifoliam conferta sunt. De grumo ubi discumbebant habebant in conspectu agrum spatiosum. Plerumque

Fundum Animalium videbant — longum pratum ad viam maiorem extendens, agrum faeni, silvulam, stagnum dulce, arvas ubi triticea messis immatura erat virens crebra sulcatas, et rubra tecta villatica quorum ex caminis volabat fumus crispans. Aderat vespertinum tempus serenum. Gramen et sepes progemmantes a iubare plano inaurabantur. Nunquam fundus — at cum genere mirationis fundum suum proprium, omni in parte esse rem privatam meminerant — ab animalibus magis cupiendus est visus. Oculi Trifoliae clivum despicientis lacrimas miserunt. Si sententia dicendo exprimisset, dixisset hunc haud esse eventum quem pridem petiverant cum contra humanos eruendos operam dare coepissent. Haec gesta terroris caedisque, illa de nocte cum Maior Vetustior primum seditionem incitavit, haud exspectaverant. Ipsa si res futura praecepisset, sodalitatem animalium vidisset ab fame et flagello liberatam, omnia animalia aequalia, unumquidque summa ope laborans, ut fortiora invalida protegerent sicut illa de nocte Maiore dicente praecrure suo gregem anaticularum amissarum protexerat. Tantum iam aberat — at quare nescivit — ut nemo opinari auderet, ut canes saevi frementes ubique vagitentur, atque sodales sceleribus taetris confessis laniendos spectare deberet. In animo nec seditionem habebat, neque consulto detrectare voluit. Intelligebat ut etiamnunc satius esset eis quam imperia Ionesi perferre utque ante omnia humanorum reditum esset prohibendum. Quodcunque accidit, ipsa fida foret, ardenter laboraretur, mandatis pareret, Napoleono duce accepto. Hic tamen haud erat modus vivendi ab ipsa et a ceteris animalibus laborantibus exspectatus. Dum molam venti aedificant vel obviam glandularum ex glanduloactorio Ionesi ibant, haec non exspectabant. Talia in animo habet, etiamsi verbis caruit quo facilius ea efferaret.

Tandem verba ad loquendum apta non habens, canticum 'Animalia

Anglicana' quasi in locum subdatum canere coepit. Cetera etiam animalia circumsedentia canor ceperunt, quod ter cecinerunt — modulatius, sed lente et maestose, quo nunquam ante in modo.

Canto ter iterato, Buccator duobus canibus comitatus advenit aliquid gravis dicturus. Nuntiavit cantum 'Animalia Anglicana,' praecipuo Napoleoni mandato abolitum esse. Iam hunc canere vetitum erat.

Obstupefacta sunt animalia.

Muriel 'Quamobrem?' rogavit.

Buccator arroganter 'Sodalis,' inquit, 'eius usus nobis non plus est. "Animalia Anglicana" Seditionis fuit cantus. Sed iam est Seditio perfecta. Hodie cum proditores ad supplicium dati essent, finita est. Inimicus sive internus sive externus victus est. "Animalia Anglicana" canentes speratum civitatem exspectavimus. Iam civitas illa constituta est. Non dubium est quin desivisset sententia huius canti.'

Territa ut erant, nonnulla animalia dissentire vellent nihilominus, sed oves hoc in puncto temporis balare, ut eorum fuit mos, 'Quattuor crura bono, duo malo' coepissent, quod nonnullas minutas continuaverunt ut disputationem finirent.

Itaque cantus 'Animalia Anglicana' rursus audiebatur nunquam. Pro illo Minimus ille poeta novum cantum composuerat, cuius exordium erat:

*Fundus Animalium, O! Fundus,*
*Nunquam eris per me nocendus!*

qui vexillo sublato cantatus est mane uno quoque Solis. Apud animalia tamen nec verbis nec concentu 'Animalia Anglicana' aequus paravit.

# CAPITULUM OCTAVUM

Nonnullis diebus, cum terror suppliciis stimulatus minutus esset, nonnulla animalia meminerant – vel meminisse credebant – Sextum Praeceptum 'Animali est interdictum aliud animal interficere' decrevisse. Atque, etsi dum audiunt porci an canes nemo mentionem facere voluit, arbitratum est ut occisiones praeceptum violavissent. Trifolia rogavit Beniamin ut Sextum Praeceptum recitaret, et cum Beniamin, ut suus erat mos, talibus in rebus se interponere recusavisset, Muriel vocavit. Muriel Praeceptum ei recitavit. Dixit: 'Animali est interdictum aliud animal interficere *sine causa*.' Haec verba novissima ex memoria animalium aliqua sunt elapsa. Iam tamen Praeceptum non violatum esse noverunt; enimvero proditores Niviglobi socii arcani interficiendi fuerant.

Per totum illum annum, animalia enixius operam dederunt quam postremo anno. Molam venti denuo crassitudine parietum duplicata construere, et ad tempus electum atque laborem fundi ordinarium perficere, erat opus perdifficile. Aliquando animalibus apparuit ut longius laborarent et pabulum non melius acciperent quam pridem domino Ioneso. Mane quoque Solis, Buccator, schedam longam praepede retinens, indices numerorum recitaret, quo facilius fructum omnium generum cibariorum auctum esse ter vel quater vel quinquiens, quicumque esset casus, probaret. Non erat cur animalia dubitabant, praesertim quod statum ante Seditionem in memoriam nunc erigere non possent, nisi incerte. Adeo nonnullis diebus vellent minus numerorum et plus cibi accipere.

Nunc omnia mandata per Buccatore aut porco alio ederentur. Ipse Napoleon coram animalibus saepius quam secunda quoque septimana non visus est. Coram eis cum appareret, comitatus non solum canibus suis erat, sed etiam gallo nigro qui, praeambulans sicut genus praeconis, magna voce cucurivit, antequam Napoleon eloqui coepisset. Domi etiam, ut dictum est, Napoleon cellas privatas solitarius habitabat. Solus cibum cepit ministerio duorum canium, atque ex vasis fictilibus 'Diadema Derventianum', quae in vitrino cenationis fuerant, semper cibum accepit. Nuntiatum est etiam ut glanduloactorium Ionesi uno quoque anno, sicut duobus aliis diebus anniversariis, die Napoleoni natali commoveretur.

Nunc de Napoleono nomine simplice 'Napoleon' tantummodo nunquam ferebatur. Semper iustorum causa erat 'Dux noster, Sodalis Napoleon', atque porci dignitates ei excogitare amabant, exempli gratia Pater Omnium Animalium, Terror Humanorum, Tutor Septi Ovilis, Amicus Anaticularum, et alias his non dissimiles. Buccator orationem habens lacrimas copias mitteret dum Napoleoni de sapientia loquitur, eius pectoris de benignitate et de caritate alta omnibus animalibus, ubicumque essent, etiam ac praesertim animalibus miseris quae statu servorum indoctorum alios fundos habitabant. Nunc ex consuetudine Napoleon omni de eventu, sive consilio sive fortuna secunda, in laude erat. Saepe amicae dicere est audita gallina, 'Duce Sodale Napoleon, quinque ova peperi sex diebus'; vel duae vaccae ad stagnum dulce voluptatem aquae percipientes, 'Gratias ago Duci Napoleon, gustus enim huius aquae praestat!' dicerent. Per fundum efferebatur sententia omnium carmine 'Sodalis Napoleon' a Minimo composito, cuius forma:

*Amice orbatis!*
*Fons beatitatis!*
*Dominus pabuli! Dum in te tranquillum*

*Imperantem oculum*
*Intueor, anima*
*Sicut sol comburet*
*Sodalis Napoleon!*

*Tu omnia nobis das*
*Quae unoquoque sat*
*Est, bis die pabulum, stramentum mundum;*
*Animal vel magnum*
*Accipit vel parvum*
*Dormiens pacem,*
*Sodalis Napoleon!*

*Si porcellum haberem*
*Etiam quam collyra*
*An sextariunculo adhuc non grandior,*
*Semper fidelis sit*
*Tibi qui primum*
*Stridulens diceret*
*'Sodalis Napoleon!'*

Napoleon hoc carmen approbavit quod in pariete Septem Praeceptorum magni horrei adverso inscribi iuberet. Pictore Buccatore imago Napoleoni obliqua pigmento albo super depicta est.

Haec dum geruntur, Napoleon procuratore Whymper in rebus implicatis se versabatur cum Friderico et Pilkington. Iam congeries materiae fageae non vendita erat. Ex duobus hominibus erat Fridericus emptor intentior, quamquam pretio importuno. Simul referebatur denuo ut Fridericus consilium paruerat quo facilius Fundum Animalium suis comitatus oppugnaret et molam venti, quae invidiam furoremque in animo eius stimulaverat, deleret. Ferebatur quoque ut Niviglobus adhuc in Artapratis delitesceret. Media parte aestatis animalia perturbantur, nam tres gallinae exstiterant quae Napoleoni necandi causa, a Niviglobo ursae, coniuravisse confiterentur. Statim occisae sunt, atque denuo Napoleoni protegendi causa provisum et praecavitum est. Quattuor canes noctu custodiebant ad angulos lecti eius stantes, atque porculus Punicellus nomine designatus est praegustator, ne daretur venenum.

Circa hoc tempore Napoleon congeriem materiae fageae honestiori Pilkingtono vendere composuisse nuntiatum est; etiam certum de fructibus inter Fundos Animalium et Vulposilvanum permutandis conventum in animo habebat. Nunc inter Napoleon et Pilkington erat propinquitas vel amicitia paene, etsi partibus Whympero tantummodo. Animalia humano Pilkingtono diffidebant, sed hunc maluerunt metito ac odioso Friderico. Eunte aestate et mola venti paene perfecta, crescebant rumores et famae de vi subdola exspectanda. Ut dicebatur, Fridericus cum viginti suorum glanduloactoriis armatorum oppugnare statuerat, atque vigiles et ministros legum iam pecunia corrupuerat ut captis auctoritatis Fundi Animalium instrumentis in rebus conniverent. Ex Artapratis autem de crudelitate Friderici in animalia sua gesta narratum est. Mortem in equum veterem verberis attulerat, vaccis pabulum adimebat, canem necandi causa in fornacem iecerat, vesperibus se delectandi causa gallos, quorum ad ungulas lamellas alligeret, pugnare urgebat. His malis in sodalibus inflictis rebus auditis, animalia omnia ad ulciscendum animo ardebant, quae aliquando flagitarent ut una Fundum Artapratorum oppugnarent, humanos expellerent et animalia liberarent. Buccator tamen monebat ne temerius agerent, atque ut arti Sodalis Napoleoni confiderent.

Nihilominus sententia contra Friderico aucta perstabat. Mane quodam Solis Napoleon in horreo se ostendit qui explanaret congeriem materiae Frederico vendere in animo nunquam fuisse; gravior erat quominus talibus cum furciferibus ageret. Columbis, quae etiamnunc nuntios de Seditione ubique perferebant, interdictum est ne terram Vulposilvanam visitarent, atque clamore 'Pereant Humani' omisso 'Pereat Fridericus' pro eo afferrent. Multa aestate praeterita, aliud Niviglobi dolum est repertum. Messis triticea contaminata est herba sterili, et delatus est Niviglobus qui olim noctu visans semina herbae sterilis inter frumentum ad serendum destinatum permiscuerat. Anser mas, qui dolum adiuvaverat, hac in noxa fuisse Buccatori confessus, statim baccas atropae belladonnae vorans mortem sibi consciverat. Animalia nunc factiora sunt ut Niviglobo nunquam — plerumque, priorem contra fidem — 'Heros Animalium Classicus' conferetur. Hoc fabula modo ab ipso Niviglobo dilata est longo post Pugnam Bubilis. Non modo decus non acceperat, sed etiam de ignavia sua in pugna reprehensus est. Denuo erant animalia quae hoc audito perturbantur, sed Buccator mox suadere potuit ut memoriam falsam tenuisse crederent.

Auctumno molam venti labore magno defatigata — messis enim paene simul carpenda fuerat — animalia perfecerunt. Adhuc carebat machinatione de qua Whymper emptionem agebat, sed structura perfecta erat. Fortuna adversa et contra omnem difficultatem vel imperitiam vel malevolentiam Niviglobi, instrumentis haud satis validis utentia, in ipso die praecepto, operam confecerunt! Fatigata sed superba animalia opus magnum suum, quod nunc pulchrius etiam visum est quam primo aedificato, circumambulabant et iterum. Muri autem crassitudine bis erant. Nunc nihil nisi trinitrotoluenum demoliri posset! Atque cum de opera data cogitarent, de abiectionibus animi superatis et de vitis futuris magnopere lenitis sive velis volentibus sive electrogeneratoriis ad rem actis — his omnibus in memoriam redactis, defatigationis oblita sunt, ut feliciter circum molam venti exclamantia ludarent. Ipse Napoleon canibus suis galloque comitatus ad operam perfectam videndam venit; ipse animalia de facinore gratulatus est, ac nomen molae dedit 'Mola Napoleon.'

Biduo post, animalia ad contionem singularem in horreum convocata sunt. Cum nuntiatum esset ut Napoleon congeriem materiae Friderico vendidisset attonita sunt, ut obmutescerent. Postero die adventura erant plaustra Friderici ad materias auferendas. Dum Napoleon amicus Pilkingtono videbatur, re vera cum Friderico in concordia fuerat.

Iam omnia negotia cum Vulposilvana destita erant; contumelias ad Pilkington missa erant. Monitum erat columbis qui Fundum Artapratorum vitarent, et clamore 'Pereat Fridericus' omisso 'Pereat Pilkington' pro eo afferrent. Simul Napoleon animalia certiora fecit ne rumores de imminenti contra Fundum Animalium oppugnatione crederent, veluti fabulae de saevitia Friderici in animalia sua summopere exaggeratae essent. Fortasse Niviglobus cum suis rumores excogitavit. Ut visum nunc erat, Niviglobus in Fundo Artapratorum se non celabatur, qui etiam in vita sua eo nunquam fuerat; Vulposilvae habitabat — ut ferebatur, multa cum luxurie — et vero nonnullis annis Pilkingtoni in beneficiis fuerat.

Porci de astutia Napoleoni pergaudebant. Amicitia falsa Pilkingtono data Fridericum coegerat qui pretium duodecim libris plus obtulisset. Sed praestabat mente Napoleon, inquit Buccator, quominus nemini etiam Friderico fideret. Fridericus solutionem pro materia perscriptione perficere voluerat, hoc quodcunque significavisset, qua re, ut visum est, promissum dare posset qui pecuniam tradere vellet. Sed Napoleon astutior erat, qui veras monetales chartas flagitaret denominatione quinque librarum Anglicarum, quas ante materiam tradendam acciperet. Fridericus iam solverat; atque tanta erat pecunia accepta ut machinationem molae venti emere possent.

Materia interim ocissime auferebatur. Haec cum ablata esset, altera contio peculiaris in horreo habebatur, ut animalia monetales Friderici chartas recenserent. Napoleon, benevole subridens et ambobus insigniis suis ornatus, in tabulati sublati super stratum stramineum sese pecuniam, quam in fictili ex culina domi ferculo compte cumulatum erat, iuxta condiderat. Omne animal lente praeteriens aspexit, quoad vellet. Atque Arcifer caput proposuit odorem chartarum suis naribus trahendi causa, ut res candidae praetenues ab afflatu eius commotae crepitarent.

Triduo post excitata est magna clamor. Whymper, pallido quasi cadaveris vultu, secundum semitam quam celerrime venit birota, quam in cohorte reliquit, et confestim in domum irrupit. Nonnullis punctis ex conclave Napoleoni auditus est fremitus ira motus quasi ex suffocante. Quod novi erat celerrime per totum fundum refertum est. Illae chartae monetales falsae erant! Fridericus materiam adeptus erat nihilo!

Animalibus omnibus statim convocatis, Napoleon voce torvissima de Friderico poenam mortis pronuntiavit. Imperavit ut Fridericus, hoc cum captum esset, vivens esset inferve faciendus. Simul monuit ut, hoc acto perfidioso perfecto, peiora exspectarent. Fac ut Fridericus cum suis impetum exspectatum parvo momento deduceret! Vigiles ad omnem fundi accessum dispositi sunt. Quattuor columbae autem ad Vulposilvam missae sunt, quae nuntium pacificatorium ad Pilkington ferrent rationis restituendae causa.

Adeo mane proximo est incursio facta. Dum animalia ientant, prospectores irruerunt qui docerent de Friderico suis comitato qui portam quinquesseriam praeteriverat. Etsi animalia fortiter progressa sunt repugnare, eandem victoriam facilem, quam de Pugna Bubilis reportaverant, hoc in tempore non abstulerunt. Erant quindecim hominum, qui sex glanduloactoria tractantes spatio quinquaginta passuum coniicere coeperunt. Animalia contra terribiles crepitus pungentiaque glandula obsistere non poterant ut mox, etiamsi a Napoleono ac Arcifero ursa, reiicerentur. Iam nonnulla vulnerata sunt. Sub tecta fundi se recepta, circumspecte per rimas vel cava ex nodis aspiciebant. Totum pratum magnum, contenta mola venti, ab hostibus occupatum erat. Pro tempore ipse Napoleon haesitare visus est. Cauda rigida vellicabat, dum intentus infans huc et illuc deambulabat. Ad Vulposilvam oculi desiderii plenos volvebantur. Si Pilkington cum suis succurreret, etiam vincerent. Nunc tamen revolatae sunt illae quattuor hesterno die missae columbae, quarum una chartulam a Pilkingtono missam ferebat. In hac scripta sunt verba: 'Hoc mereris.'

Interea Fridericus suique circum molam venti stabant. Spectantia animalia pavefacta murmurationem dederunt. Duo viri gerebant magnum malleum et vectem. Molam everturi erant.

Napoleon 'Non possunt!' clamavit. 'Muros crassiores aedificavimus, quominus septimana etiam possent. Bono animo esto, sodales!'

Sed Beniamin operam hominum intente observabat. Illi duo malleo vecteque gerentes ad imam molam venti foramen excavabant. Lente et paene quasi delectatus, Beniamin nasum longum suum nutavit.

'Sic vero,' inquit, 'credidi. Nonne quod faciunt decernitis? Illud in foramen mox pulverem atrum stipabunt.'

Perterrita animalia opperta sunt. Iam aedificiorum suffugium linquere non poterant. Nonnullis minutis lapsis, homines quoquoversus discurrere visi sunt. Tum multo cum fragore displosus est pulvis ater. Columbae sursum in aerem subvolaverunt, et excepto Napoleon omnia animalia terram ventribus petentia facies celaverunt. Cum resurrexissent, fluitabat magna nubes atra fumea super locum ubi antea fuerat mola venti. Hanc aura lente dissipavit. Mola venti defuit!

Hoc viso animalia animum receperunt. Hoc maleficio turpissimo viso, cessaverunt timere et desperare. Magno clamore sublato, cupidine vindictae inardescentia, iussis non datis, procurrerunt hostem petitum. Nunc glandulas crudeles missas, quae sicut grando incidebant, temere praeteriverunt. Pugnatum est aspere et saeviter. Homines iterum iterumque glandulas miserunt, at animalia iuxta fustibus et caligis usi sunt. Occisi sunt una vacca, tres oves et duo anseres, et vulnerata paene omnes. Napoleon etiam ex novissima acie praecipiens extrema cauda est laesus. Neque tamen homines incolumes. Acceperunt horum tres capita de ungulis Arciferi iniurias, alius ventri de cornu vaccae, et quinto Iessica Campanulaque braccas paene diripuerunt. Atque cum novem canes Napoleoni stipatores, quos iusserat circuitum sepe celatos ducere, truculenter allatrantes subito ad latus hominum conspecti essent, terror pavorque omnes occupavit. Circumclusos fore se credebant. Fridericus suos issit qui regrederentur dum poterant, et mox hostes ignavi currebant vitae conservandae causa. Animalia usque ad imum pratum agitaverunt, ut homines per sepem spinosam erumpentes calcitrare ad postremum possent.

Victoriam reportaverant, sed fatigata sunt et cruorem mittebant. Lento pede ad fundum regredi coeperunt.

Cum amicos in gramine occisos aspexissent, nonnulla lacrimas miserunt. Demissa brevi spatio ad locum conticescebant ubi olim steterat mola venti. Sic vero, deleta erat paene sine vestigia! Etiam substructio partim deleta erat. Atque hoc in tempore restituendi causa lapidis lapsis uti non poterant. Hoc tempore etiam lapides ex oculis evanuerant. Hi displosi sunt ut sescentis passibus distarent. Erat quasi mola venti nunquam adfuerat.

Cum ad fundum appropinquavissent, Buccator, qui dum pugnabatur praeter causam abfuerat, tolutim advenit vultu laete refulgente et caudam leniter atterens. Atque animalia glandoactorium sollenniter sonare ex aedificiis fundi audiverunt.

'Illud glandoactorium,' inquit Arcifer, 'Cur clamorem mittit?'

Buccator 'Victoriae celebrandae causa!' respondit.

'Cui victoria?' inquit Arcifer. Genubus cruorem mittebat, soleam amiserat, ungulam ruptam habebat et in posterioribus duodecim circa glandulorum.

'Cui victoria, mi sodalis? Nonne hostem ex terra nostra expulimus – ex terra Fundi Animalium sacra?'

'Sed molam venti deleverunt. Atque duos annos laboraveramus!'

'Non refert. Novam molam venti aedificabimus. Si voluerimus, sex molas venti aedificabimus. Non intellegis, o mi sodalis, hoc facinus magnum et memorabile nostrum. Hostis occupaverat hanc ipsam terram ubi stamus. Sed nunc – duce Sodale Napoleon – ex toto recepimus!'

'Quod igitur olim nobis,' inquit Arcifer, 'iterum nobis est.'

Buccator 'Sic est victoria nostra,' inquit.

In cohortem titubaverunt. Arcifer de glandulis sub cute cruris dolebat. Penso operoso molae ex fundamentis reconducendae viso, iam in animo ad operam se parabat. Nunc tamen undecim annos natus primum in mentem occurrit ut musculos haberet olim valentiores.

Sed cum animalia vexillum viride aspexissent et glandoactorium – septiens enim in toto actum est – et orationem de gestis gratulantem Napoleonis audivissent, claram victoriam reportam esse saltem crediderunt. Exsequias funeris animalibus in pugna occisis sollenniter prosecuta sunt. Duce pompae ipso Napoleono, Arcifer Trifoliaque plaustrum, quo mortua efferebantur, traxerunt. Biduum totum celebrabant. Cantabant et oratiuncula audiebant, et glandoactorium plus est actum, atque omne animal pro dono singulari malum accepit, vel avis frumenti uncias duas, vel canis buccellata tria unusquisque. Nuntiatum est ut pugnae daretur nomen Pugna Molae Venti, et Napoleon creavisse insigne novum, Ordo Vexilli Viridis, quem ipse acceperat. Dum omnia gaudent, oblita sunt illius rei infaustae chartarum monetalium falsarum.

Nonnullis diebus praeteritis, porci repperunt in cella domi subterranea thecam aquae vitae Caledonicae plenam, quae domo primum occupato erat praetermissa. Multa de illa nocte auditus est cantus vocum strepens in quo erat 'Animalia Anglicana' perfusus, ut omne animal miraretur. Sub nonam et dimidiam horam Napoleon petasum vetustum Ionesi Derbicensem gerens ex ostio postico procurrere manifesto est visus, qui circum cohortem pede citato progressus domum redintraret. Sed mane postero domus stabat in silentio alto. Ut videbatur, movebat nullus porcus. Fere erat hora nona cum Buccator aderat, qui dolore confectus, lente ambulans, oculis hebetibus, cauda languide dependente, visus est peraegrotare. Animalia convocavit atque certiora fecit de aliquo novi dirissimo. Sodalis Napoleon moriebatur!

Eiulatum est. Stramen extra portas domi disiectum est, et animalia pedibus retardatis incedebant. Lacrimas mittebant dum inter se quaerent de rebus futuris si Dux ablatus esset. Diffamatum est de veneno in cibum Napoleonis a Niviglobo tandem arcane allato. Hora undecima apparuit Buccator qui aliquid nuntiaret novi. Proscriptum erat a Sodale Napoleon moribundo: potor quisque spiritus ardentis poenam extremam daret.

Sub vespere tamen, ut visum est, Napoleon a valetudine se recolligere coeperat, atque postridie mane Buccator animalia certiora de sanitate paene recuperata facere potuit. Illo die sub vespere Napoleon operam denuo sustulit, atque postridie notum est ut Whymper mandatus esset qui ad bibliothecam Willingdoni iret libellos de arte fermentatoris ac destillatoris coemptum. Septimana post Napoleon iussum dedit de parvo ultra pomarium septo quod, etsi prius seponeretur pro animalibus pascentibus, quae veteriora laborare non poterant plus, nunc arandum erat. Pastus, ut latum est, fatiscebatur ut necesse esset denuo seminare: mox tamen noverant Napoleon hordeum semere in animo habere.

Hoc in tempore se habuit miraculum vix ab aliquo explicandum. Audita de media quadam nocte ex cohorte fragore magna, animalia ex stabulis procurrerunt. Luna pernox erat. In terram iuxta ad murum ubi scripta sunt Septem Praecepta horrei magni iacebat scala in duas partes fracta. Buccator pro tempore stupefactus procumbebat, et proxime aberant et lanterna et penicillus et olla pigmenti albi eversa. Canes Buccatorem statim circumvenerunt atque simul ac ambulare posset domum comitati sunt. Nullum animal haec intellegere poterat, nisi veterior Beniamin, qui quasi percipiens ac nutu nasi dato explicare nolebat, etsi intellegere videbatur.

Sed nonnullis diebus tritis Muriel Septem Praecepta sibi perlegens aliud animadvertit plus quod animalia falso meminerant. Crediderant Quintum Praeceptum 'Animali est interdictum spiritum vini bibere' esse, sed duorum verborum oblita erant. Re vera Praeceptum erat 'Animali est interdictum spiritum vini *cum intemperantia* bibere.'

# CAPITULUM NONUM

Ungula rupta Arciferi coalevit modo tardissime. Die post victoriam celebratam molam venti restituere coeperant. Arcifer unum etiam diem cessare recusavit, et decorum ei erat ut dolor sua non animadverteretur. Dolorem ungulae magnam Trifoliae sub vespere concederet arcano. Trifolia cataplasma ex oleribus, quam manducans praeparuerat, ungulam curavit, atque cum Beniamino ipsa urgebat ut Arcifer operam dandam minueret. 'Pulmones equi,' monuit, 'non in aeternum tenent.' Sed Arcifer audire nolebat. Ante satis vetus in otium veniret, ut dixit, voluit ad calcam pervenire cum mola venti bene condita esset tantum.

Ad initium, cum leges Fundi Animalium primum essent propositae, constitum erat ut equi porcique duodecim, vaccae quattuordecim, canes novem, oves septem, gallinae ac anseres quinque annos nati otium perpetuum capturi essent. Etsi re vera nullum animal otium ob merita adhuc ceperat, res nuper disceptatus erat plus plusque. Cum parvum ultra pomarium septum ad hordeum colendum reservatum esset, diffamabatur ut partem magni prati sepiturum esset, ubi animalia propter annos labore exsoluta pascere possent. Ut ferebatur, equus rei frumentariae aestate quinque, faeni hieme quindecim in diem libras acciperet, forsitan ac diebus ferialibus cum pastinaca vel malo. Anno proximo Arcifer duodecim annos natus fuerit multo aestate.

Iam vita austera erat. Nunc frigidior erat tempestas quam hieme superiore, atque cibus magis exiguus. Exceptis porcis canibusque, denuo sunt diaria reducta. Ut explicavit Buccator, rigidior de diariis aequalitas contra instituta Animalismi fuisset. Dicendo erat ei facillimum cetera animalia persuadere contra sententiam ut pabulo reapse *non* carerent. Certo, pro tempore, necesse fuerat diariis recomponere (semper Buccator de 'recompositione', nunquam 'diminutione' loquebatur), sed absente Ioneso melior erat facta sors in immensum. Celeriter enumerans voce acuta, minute probavit avenam et faenum et pastucas plus quam dirigenti Ioneso abundare, eos tempus curtius laborare, aquam potabilem esse dulciorem, eorum vitas longiores, pro portione eorum natos vitam degere integros, in stabulis plus faeni habere et de pulicibus minus sustinere. Animalia omnia verba crediderunt. Vere Ionesus cum omnibus suis memoria repetere vix poterant. Sciebant vitam praesenti tempore esse duram ac solatiorum nudam, sese saepe esurire ac frigere, atque nisi dormientia operam dare. Sed nullum dubium erat, ut opinabantur, quin olim deterius viverent. Ita credere placebat. Illis autem in diebus superioribus servitum passa erant, atque libertate data vitam mutatam ac meliorem agebant, quod Buccator commonstrare haud pepercit.

His in diebus multum plus erant animalia alenda. Quattuor scrofae auctumno peperant paene simul et inter sese unus et triginta porcellos. Hi porcelli erant versicolores et, quod in fundo erat nullus verres nisi Napoleon, facilius erat stirpem coniicere. Nuntiatum est ut serius, cum lateres et materiae emptae essent, tectum discendi in horto iuxta domum aedificaretur. Pro tempore ipse Napoleon in culina domestica doceret. In horto corpora exercebant et deterrerentur ne sodalitatem aliorum animalium peterent. Ad id locorum promulgatus est novus mos, quo animal, cum porcum in semita obvenisset, opus esset cedere: et omnis quoque porcus, quocumque statu, privilegium haberet ut die Solis taeniam viridem cauda gereret.

Fundus annum habuerat prosperum etsi moderatum, sed praesenti pecunia careret. Necesse erat non modo ad tectum discendi aedificandum et lateres et sabulam et calcem emere, sed etiam pecuniam parcere sumptu ad machinam molae venti. Domui autem oleum lucernis et candelae, saccharum ab ipso Napoleono (quod aliis porcis vetuit, ne pinguescerent nimium), et omnia supplementaria, instrumenta exempli gratia et clavi, resticula, carbo, filum ferreum, ferrum spretum et buccellata canibus. Truncum faeneum et partem messis tuberum vendiderunt, atque pactum de ovis in sescentas per septimanam auctum est, ut illo in anno gallinae pullos satis ad numeros suos conservandos excludere vix possent. Diaria per mensem Decembrem redacta sunt mense Februaria iterum, et olei conservandi causa vetitum est lucernis uti in stabulis. Sed porci satis solatia ceperunt qui pinguescerent, ut videbatur.

Quodam die Februario post meridiem talis odor suavis, gratus, fragrans, qualis nunquam ante ab animalia olfactus, trans cohortem latus est ex tectulo ad cerevisiam coquendam, quod tempore Ionesi non tritum ultra culinam stabat. Erat qui odori coquendi hordei credidit. Odore naribus capto, animalia avida admirata sunt si cenatura farraginem hordeaceam exspectare possent. Sed apparuit nulla farrago calida, atque die proximo Solis nuntiatum est ut hordeum porcis reservaturum esset. Iam pratum ultra pomarium hordeo erat satum. Atque mox cognitum est ut omnis porcus diurnum unum sextarium, et ipse Napoleon quattuor sextaria, quae in cratere 'Diadema Derventianum' inferebatur, cerevisiae acceperet.

Etsi laborare necesse erat, per contrarium dignitas vitae hoc in tempore aucta erat. Erant plures et cantus et orationes et pompae. Napoleon iusserat ut spatio septem dierum haberetur aliquid 'Ambitio Spontanea' nuncupata, quo acrius celebrarentur nisus victoriaeque Fundi Animalium. Animalia ad horam praescriptam cessarent et omne per fundum ordine agminis militaris gradiantur, ut porci ducerent et equi, tum vaccae, tum oves, tum cohortales aves sequerentur. Canes comitarentur, et niger Napoleoni gallus omnes duceret. Arcifer et Trifolia vexillam ungula ac cornu verbisque 'Vivat Sodalis Napoleon!' ornatam viridem una ferebant. Deinde se haberent recitationes carminum ad Napoleon laudandum, et oratio de fructibus nuperrime effectis a Buccatore data, atque aliquando glandoactorium fragorem emitteret. Oves Ambitiones Spontaneas favebant summis cum voluptatibus, at si quis querelas de iactura temporis vel praestolans de frigore edidit (quas absentibus porcis vel canibus interdum edebant nonnulla animalia), nullum dubium erat quin oves 'Quattuor crura bono, duo malo!' canentes statim obiurgarent. Animalia tamen voluptatem his de rebus plerumque perceperunt. Delectabat cum in memoriam redactum esset ut reapse heri essent quo magis pro beneficio proprio laborarent. Itaque inter carmina vel ambitiones vel indicationes Buccatoris vel strepitus glandoactorii vel cantus galli vel fluctus vexilli alvorum suorum ieiunorum nonnunquam oblivisci poterant saltem.

Mense Aprili promulgatum est de Re Publica Fundi Animalium, et necesse igitur factum est praesidem legere. Solus petitor Napoleon lectus est nemine contradicente. Eodem die nuntiatum est de scriptis modo repertis quo amplius esset conscientia inter Niviglobum et Ionesum patefacta. Nunc apparuit contra exspectationem animalium ut Niviglobus non modo Pugnam Bubilis amittere conatus esset, sed etiam pro parte Ionesi certavisset aperte. Ipse re vera agmen hominum duxerat, qui in pugnam 'Vivat humanus genus!' clamans procucurrisset. Vulnera in tergo Niviglobi, quae nonnulla animalia vidisse etiamtunc meminerant, Napoleon dentibus suis obtulerat.

Media aestate Moses ille corvus, qui nonnullos annos abfuerat, ad fundum subito reapparuit. Admodum non mutatus est, etiamtum haud laborabat, et studio Montis Saccharobellarii ut prius semper ardebat. In stipite sederet, alis nigris premeret, et in horas loqueretur dum aderat auditor. Graviter 'Supra,' diceret, 'supra, ultra nubem atram, quam videtis, sodales,' caelum magno rostro suo monstrans, 'ibi iacet Mons Saccharobellarius, rus fortunatum, cui habitantes nos animalia inopia quietem in aeternum capiemus!' Etiam postulavit se subvolans visitavisse, ut agros trifolii et massam liniseminis vidisset et sacchari massulas, quae sepibus adnatae sunt. Multa animalia crediderunt. Nunc vitam ieiuniosam operosam sustinebant; nonne mundus alicubi esset aequus ac melior? Difficilis erat status apud porcos Mosei censu. Hi toti fastidiosi fabulas de Monte Saccharobellario fictas esse affirmaverunt, sed in fundo otiosum manere passi sunt et semicyathum per diem cerevisiae ei indulserunt.

Cum ungula sanata esset, Arcifer operose operosiusque laboravit. Illo in anno omnia quidem animalia sicut servi operata sunt. Praeter opus fundi ordinarium, et molam venti restituendam, erat tectum discendi pro porcellis, quod mense Marti aedificari coeptum fuerat. Aliquando difficile erat horas longas pabulo parvo tolerare, sed Arcifer nunquam haesit. Nihil aut fecit aut dixit quominus vis deminutum appareret. Solum habitus mutatus est aliquantulum; vellus minus nitebat quam prius et, ut visum est, clunes magnae suae contractae sunt. Cetera 'Cum gramen,' dicerent, 'vernale apparuerit, Arcifer convalescet'; apparuit tamen gramen vernale, sed Arcifer corpus non fecit. Aliquando in clivo lapicidinarum, cum musculos contra pondus saxi ingentis astringeret, nihilo facere poterat nisi vi voluntatis quo magis continueret stare. Eius labra tali in tempore formam 'Fortius laborabo' verborum capere visa sunt; vocem nunc amiserat. Trifolia et Beniamin iterumque de salute monuerunt, sed Arcifer praetermisit. Mox natalis dies eius duodecima adforet. Quodcunque eveneret, bonum saxi subsidium accumulare voluit, antequam otium perpetuum sibi erat capiendum.

In media aestate multo vespero per fundum est dilatus rumor de Arciferi eventu. Incomitatus profectus est ut onus saxi ad molam venti traheret. At verus fuit rumor. Nonnullis minutis lapsis duo columbae aliquid novi reportaverunt: 'Arcifer cecidit! Latere accumbit, neque se tollere potest!'

Dimidia fere pars animalium ad grumum cucurrerunt, ubi stabat mola venti. Cervice extensa, Arcifer inter temones plaustri iacebat, atque caput nequidem elevare potuit. Oculi quasi vitrei erant, latera sudore concreta. De ore tenuiter stillabat sanguis. Trifolia iuxta eum genibus nisa est.

'Arcifer!' clamavit, 'quid te habet?'

Arcifer 'Pulmonum dolor,' dixit voce languida. 'Non refert. Censeo vos molam venti finire posse me absente. Est bonum saxi subsidium praeparatum. Quoquo casu unum mensem laborare potui tantum. Vero tempus otii perpetui exspectaveram. Et fortasse convenit ut Beniamin, quod ille senescit quoque, simul otium perpetuum capiat, et comes mihi sit.'

Trifolia 'Auxilium confestim petere debemus,' dixit. 'Currat aliquis ad Buccatorem de casu docendum.'

Cetera animalia cito domum una recucurrerunt, quae Buccatorem de casu certiorem fecerunt. Mansit Trifolia modo et Beniamin, qui mutus iuxta Arciferum assidens muscas deflexit cauda sua longa. Post quartum horae apparuit Buccator multum consentiens et molestiam afferens. Dixit Sodalem Napoleonum doctum esse de hac calamitate opifici fundi fidelissimi, qui maximo dolore adfectus de Arcifero curando in valetudinario Villingdonae etiamnunc componebat. Animalia de hoc nonnihil sollicitarentur. Nullum animal nisi Mollia vel Niviglobus ex fundo unquam egressum est, neque placuit sodalem aegrum ad homines committere. Facilius tamen Buccator persuasit ut veterinarius casum Arciferi Villingdonae curaret melius quam in fundo. Atque lapsa dimidia horae parte, cum Arcifer paulum se recuperavisset, non sine difficultate ad pedes se sustulit et ad stabulum claudicavit, ubi Trifolia et Beniamin lectum stramenteum praeparaverant.

Biduum proximum Arcifer in stabulo suo mansit. Porci magnam medicamenti punicei lagenam miserant, quam ex narthecio in balneolo receperant, et quam Trifolia post pabulum bis in die Arcifero dedit. Vesperibus illa in stabulo discumbente colloquerentur, dum Beniamin muscas deflectat. Arcifer professus est ut de casu non paeniteret. Si bene se recuperatus esset, triennium fortasse viveret qui dies tranquillos ad angulum magni prati exspectaret. In animo habuit, ut dixit, eas duas et viginti litteras non iam memoriae mandatas per residuum vitae suae ediscere.

Beniamin et Trifolia tamen apud Arciferum adesse non poterant nisi horis laboris tritis, atque medio die erat cum adveniret plaustrum clausum ad eum auferendum. Porco curante, omnia animalia napinas runcantia attoniti sunt cum Beniaminum de tectis fundi quadrupedatim currere viderent, qui summa voce rudebat. Nunquam ante Beniaminum excitatum viderant — primum eum quadrupedatim ire visum quidem. 'Agete, agete!' clamavit. 'Iam venite! Arciferum auferunt!' Mandato a porco non dato, animalia laborarem cessaverunt quo maturius ad tectos fundi se moverent pedibus citatis. Vero stabat in cohorte, cum duobus inter temones equis, literis in latere scriptis, magnum plaustrum clausum cuius ad ploxenum sedebat homo subdolus derventiano petasatus. Atque stabulum Arciferi erat nudum.

Animalia plaustrum circumstipaverunt. 'Vale, Arcifer!' una clamaverunt, 'Iam vale!'

Beniamin saltabundus 'Stulti! Stulti!' clamavit terram ungulis parvis suis tundens. 'Stulti! Nonne verba in latere plaustri istius scripta videtis?'

Ita sunt animalia conturbata, quae quiescerent. Muriel verba explicare coeperat. Sed Beniamin illam reppulit et dum silescunt pavida animalia recitavit:

'"Alfredus Simmonds, Lanius Equorum et Glutinarius Villingdonae. Corinarius et Ossefarinarius. Stabulorum Caninorum Suppeditor." Nonne hoc certum habetis? Arciferum ad carnificem auferunt!'

Clamaverunt omnia animalia perculsa. Homo in ploxeno statim flagello equos petivit, ut plaustrum ex cohorte tolutim excederet. Omnia animalia summis vocibus clamantia secuta sunt. Trifolia in primam aciem se trusit. Plaustrum accelerare coeperat. Trifolia pedum gravium citandorum causa conata gradu leni attigit. 'Arcifer!' clamavit. 'Arcifer! Arcifer! Arcifer!' Et hoc in puncto temporis, quasi tumultu exteriore audito, facies Arciferi lineamentum album naso gerens ad fenestrulam posticam plaustri apparuit.

Trifolia 'Arcifer!' clamavit voce atroce. 'Arcifer! Fugi! Cito age! Te occisuri sunt!'

Omnia animalia 'Fugi, Arcifer, fugi!' ingeminare coeperant. Sed plaustrum iam accelerans discedebat. Incertum erat quominus scirent Arciferum verba Trifoliae intellexisse. Sed puncto temporis facies a fenestrula recessit et auditus est ex plaustro percussus ungularum tremendus. Calcitrans egressum petebat. Olim Arcifer nonnullis ungularum plagis plaustrum in fragmina lignea comminuere potuisset. Eheu! Vires corporis iam defecerant; atque sonitus ungularum ferientum nonnullis punctis cecidit et evanuit. Animalia duos equos, qui plaustrum trahebant, ut starent hortari desperanter coeperant. 'Sodales!' clamaverunt, 'Sodales! Nolite fratrem vestrum ad mortem ducere!' Sed auribus flaccidis stolida iumenta, quae stultiora erant quominus eventum ignorarent, pedes citaverunt tantum. Facies Arciferi ad fenestrulam rursus non apparuit. Aliquis ad portam quinquesseriam claudendam procurrere voluit, etsi serius; sed plaustrum confestim excedit et secundum viam cito ex conspectu fugivit. Nunquam est Arcifer postea visum.

Triduum post de Arcifero nuntiatum est ut in valetudinario Villingdonae mortuus esset, invitis omnibus ad equum tractandum adaptis. Buccator venit qui cetera animalia certiora faceret. Ut dixit, adfuerat inter horas Arciferi ultimas.

Buccator 'Nunquam ante,' inquit, 'tantum commotus sum!' lacrima praepede sublato detergens. 'Ad finem iuxta lectum adfui. Atque cum finiturum paene esset, ille infirmior quo difficilius esset loqui, in aure mea voce summissa se dixit moriens dolere de mola venti imperfecta solum. "Agite, Sodales!" susurravit. "Agite in nomine Seditionis! Vivat Fundus Animalium! Vivat Sodalis Napoleon! Napoleon recte iudicat semper!" Sodales, haec fuerunt eius verba extrema atque ultima.'

Nunc est gestus Buccatoris repente mutatus. Breviter siluit, et ante continuaret limis ocellis aspexit multa cum suspicione.

Cum Arcifer ablatus esset, ipse certior factus erat ut rumor fatuus ac scelestus sparsus sit. Nonnulla animalia animadverterant plaustrum, in quo Arcifer ablatum erat, verbis 'Lanius Equorum' ornatum, et statim pro certo Arciferum ad carnificem missum esse habuerant. Ut animal tantum stultum viveret, dixit Buccator, paene impossibile erat creditu. Nonne, indignabundus dixit, caudam leniter iaciens et modo hic, modo illic saltans, Ducem dilectum Sodalem Napoleon melius agere habuerunt? Sed facillime erat explicatu. Illud olim carnificis plaustrum a medico veterinario emptum erat, at hic nomen prius adhuc non oblitteraverat. Hoc in modo mendum factum est.

Hoc audito, exonerata sunt animalia. At cum Buccator plus de

Arcifero moriente significanter produxisset, et de sollicitudine mirabili recepta medicamentisque magno pretio a benigno Napoleono datis, dubia ultima repudiaverunt, et sodalem mortum esse laetum scientia maerorem mulserunt.

Mane proximi diei Solis, ipse Napoleon pro contione apparuit qui oratiunculum ad Arciferum laudandum enuntiaret. Fieri non potuerat, dixit, quominus reliqias sodalis desiderati humandas in fundo intulissent, sed iusserat fieri corollam ex lauris de horto domestico, quam ad sepulcrum Arciferi ornandum missam esset. Atque in animo habebat ut porci nonnullis diebus Arciferi laudandi causa illius in memoriam epularentur. Napoleon orationem finiens commonefecit de duabus Arciferi sententiis acceptissimis, 'Fortius laborabo!' et 'Sodalis Napoleon recte iudicat semper' — atque dixit omne animal his sententiis diligenter observatis bene se gerere.

Cum exspectata epularum dies adesset, plaustrum condimentarium a Villingdono domum accedit ad magnam arcam ligneam tradendam. Illa de nocte auditus est concentus tumultuosus, post quem ut visum est iurgium asperum iactatum, ac qui tremendo vitri rupti fragore concluderetur. Crastino die sub tecto erat nemo quin ante meridiem non moveretur. Atque ferebatur ut porci pecuniam ad alteram thecam aquae vitae Caledonicae emendam, aliunde nacti erant.

# CAPITULUM DECIMUM

LAPSI SUNT ANNI. Tempora perducuntur, vitae animalium breves explerentur. Advenit tempus cum nemo nisi Trifolia, Beniamin, Moses ille corvus et nonnulli porci horas praeteritas meminisset.

Muriel mortua erat. Campanula et Iessica et Strictor vitam excederant. Ionesus quoque mortuus est — in hospitio hominibus tementulis in alia parte comitatus obiit. Niviglobus ex memoria depositus est. Arcifer quoque, nisi memoria paucorum. Trifolia nunc erat equa vetus pinguis, artubus rigidis cruciata et ad fluxionem oculorum obnoxia. Illa duobus annis excesserat aetatem otii perpetui, sed de facto otium perpetuum ceperat nullum animal. Iam sermo de angulo prati ad otium veteriorum animalium perpetuum reservatum dudum finiverat. Napoleon verres nunc erat pondere libris trecentis et quadraginta. Pinguior erat Buccator quominus ex oculis aspicere posset nisi difficillime. Modo vetus Beniamin quam prius apparuit, nisi ore aliquantulum caniore, et ab Arcifero mortuo morosior etiam et reconditior.

Nunc in fundo ampliora aderant animalia, etsi minus frequentia annis prioribus exspectata. Multa nata erant quibus Seditio memoriae posteris fuit sine litteris tradita, atque alia empta erant quae talibus de rebus docta essent cum primum ad fundum ventum esset tantum. Excepta Trifolia habuit fundus tres equos. Hi iumenta erant bella superba diligentia et boni sodales, etsi perstulti. Horum nullum litteras nisi A et B discere potuit. Omnibus de Seditione praeceptisque Animalismi traditis, praecipue a Trifolia, quam sicut filii reverebantur, fidem habebant; sed dubitandum est quominus multum intellegerent.

Fundus iam melius ordinatus melius florebat; duobus arvis ab ab honestiore Pilkington emptis, etiam amplificatus erat. Demum mola venti perfecta erat, atque fundus tribulum faenilevariumque suum proprium habuit, atque addita sunt varia tecta nova. Whymper cisium sibi emerat. Mola venti tamen electrogeneratorium non egerat, sed in frumentum molendum verta magnum beneficium protulit. Iam animalia operibus magnis alteram molam aedificiebant: in hanc cum perfecta esset, ut ferebatur, electrogeneratoria posita forent. Sed de illa luxuria, quam animalia olim a Niviglobo exspectare erant docta, illa stabula lucernis electricis illuminata et aqua frigida vel calida referta, et de labore tres dies tantum in septimana, nunc est fatum nunquam. Napoleon tales sententias Animalismo contrapositas denuntiaverat. Dixit beatiora esse animalia quae eniterent vel frugaliter viverent.

Aliqua, ut visum est, etsi fundus pecuniosior, vita ipsorum animalium haud melior facta est — nisi pro porcis canibusque sane. Ita forsitan evenit quia tot fuerunt et porci et canes. Non fieret ut haec animalia non laborarent more suo. Opus erat, ut Buccator explicare nunquam praetermisit, de curatione ac ordinatione fundi perpetuum. Plerumque, opus huius generis erat difficilius quominus cetera animalia intellegere possent. Exempli gratia, Buccator certiora fecit de rebus arcanis 'fila', 'relationes', 'actorum commentarii' et 'memoranda', quae quotidie elaboranda erant operosissime. Haec magnae chartae dentatae erant scriptis plane occupandae, quae simul atque ita occupatae fornace sunt concrematae. Buccator haec dixit esse pro optissimo fundi beneficio. Neque porci tamen nec canes opere suo pabulum protulerunt; atque multi erant semper appetitione effrenata.

Quod ad cetera attigit, credebant sese ut olim vivere. Fere esuriebant, super stramentum dormiebant, ad stagnum dulce bibebant, in agris laborabant; molestiam eis hieme frigus, aestate muscae attulerunt. Aliquando veteriora memorias hebetes petebant, quae statum ad hodiernum diem meliorem vel peiorem quam Ioneso primo expulso statuere conarentur. Memini non poterant. Nihil habebant quo facilius vitam in praesens penderent: nihil nisi Buccatoris tabulas numerorum, quae omnia in meliora facta demonstrabant. Animalia quaestionem infinitam habebant; atqui sic se habuit ut hoc de genere rerum animo contemplari tempore carerent. Solum vetus Beniamin vitam longam suam in singulis rebus meminisse postulavit et scire statum nec meliorem an peiorem unquam fuisse nec olim futurum — ut dixit, inter vitam fames et inuria in perpetuo implacabiliter perduraret.

Atqui animalia spem nunquam dimiserunt. Oblita nunquam autem neque brevissime honorum iuribusque quae ipsi sodales Fundi Animalium fruita sunt. Fuit adhuc solus — etiam totius Angliae! — fundus ab animalibus possessus et gubernatus. Nunquam nullum eorum, ne natu minimum quidem, ne advenae quidem a fundis decem vel viginti milia passuum ductae, haec mirari desivit. Atque audito sonitu glandoactorii et viso ad summum cortum vexillo viridi, pectus decore invicto intumesceret et sermo ad heroica tempora antiqua, ad Ionesum expulsum, ad excogitationem Septem Praeceptorum, ad pugnas magnas ubi superati erant hostes humanos, semper se verteret. Nullum somnium antiquum derelictum erat. In illam Rem Publicam a Maiore praedictam, cum ager Angliae viridis a pedibus humanis non tereretur, adhuc credebant. Olim veniret: non mox forsitan, vel inter vitam ullius animalis nunc viventis, sed de adventu nullum erat dubium. Forsitan cantus 'Animalia Anglicana' numerus arcane alicubi murmuratus est: et de facto nullum animal erat in fundo quin novisset, etsi nemo quin clara voce cantare non auderet. Etiamsi vitam parce et duriter agebant et spe irrita, ab aliis animalibus differre se sciebant. Si necesse erat famem tolerare, non quia homines crudeles superbosque alebant; si enixe operam dabant, sibi laborabant saltem. Nullum animal inter ea duobus cruribus ambulabat. Nullum animal alium appellaret 'Domine'. Omne animal aequo et pari iure cum ceteris vixit.

Exigua parte aestatis lapsa, Buccator quodam die oves iussit quas sequentes duceret ad agrum incultum, qui ad extremum fundum betulis novis obsitus iacuit. Hoc in loco Buccatore curatore, oves toto die moratae sunt foliarum carpendarum causa. Vespere ipse domum rediit sed, quod tempestas egregia erat, oves iussit commorari. Haec dum postea demum omnem septimanam manent cetera animalia haud conspexerunt. Quotidie comitatae sunt a Buccatore plerumque. Dixit se novum cantum docere, a necessitate arcano.

Cum oves modo regressae essent, opere finito animalia vespertino tempore iucundo ad tecta fundi redientia equum perterritum ex cohorte hinnire audiverunt. Pavida animalia repente sistaverunt. Vox erat Trifoliae. Hinnivit iterum, atque animalia in cohortem una procurrerunt. Tunc viderunt id a Trifolia visum.

Porcus ambulabat posterioribus pedibus.

Ita vero, erat Buccator. Etsi inscite, quasi nondum ad pondus satis magnum tali in modo sustinendum assuefactus, sed perfecte se librans, trans cohortem ambulabat. Atque ex ianua domi mox venit longum agmen porci, omnes posterioribus pedibus ambulantes. Erant qui melius quam ceteris agebant, nonnulli instabili gradu visi sunt baculo carere, sed unusquisque cohortem prospere circumambulavit. Denique, canibus vehementer latrantibus et gallo nigro acriter cucuriente, egressus est ipse Napoleon auguste rectus limis oculis aspiciens, dum canes sui circumludunt.

Praepede flagrum gerebat.

Absolutum erat silentium. Stupefacta, perterrita, conferta animalia porcos agmen longum circum cohortem agere servaverunt. Videbatur mundus perversum. Cum offensio prima minuata esset et invitis quibusque rebus — terror eorum de canibus, et mos longis annis excultus quominus quererentur vel iudicarent — ad hoc locorum intercedere possent. Sed hoc in exacto puncto, quasi signo dato, oves una balare coeperant:

'Quattuor crura bono, duo meliori! Quattuor crura bonum, duo meliori! Quattuor crura bonum, duo meliori!'

Ita quinque minuta continenter balaverunt. Denique ovibus tranquillioribus factis, hora intercedendo praeterita est, nam porci domum regressi erant.

Beniamin armum suum nasone attingi sensit. Trifoliae fuit. Huius oculi veteres hebetiores quidem videbantur. Nullo locuto verbo ei iubam molliter vellens, ad murum horrei magni extremum circumduxit, ubi scripta sunt Septem Praecepta. Nonnulla puncta temporis murum atrum picatum cum litteris candidis intuebantur.

Tandem 'Mihi acies oculorum deficit', dixit. 'Iunior etiam cum essem verba ibi scripta legere non potui. Sed murus mihi videtur mutatus. Num Septem Praecepta, o Beniamin, mutata sunt?' Nunc primum Beniamin morem suum negare assentiatus est, qui verba in mura scripta recitaret. Iam nihil erat nisi unum Praeceptum. Dixit:

*'OMNIA ANIMALIA PARIA, SED*
*NONNULLA PARIORA QUAM CETERA'*

His notis, mirabile non visum est cum in postero die omnes porci flagra praepedibus gerebant ad opus fundi curandum. Mirabile non visum est cum certiora fierent sive de receptrice radiophonica a porcis empta, sive de instrumento telephonico imperato, sive de commentariis *Ioannes Tauricus* et *Cuppedia* et *Speculum Actorum Diurnorum*. Non mirabile erat visu cum Napoleon tabacotorium ad os gerens in horto domestico perambulare aspectus sit — non vero, necnon cum porci vestimentis Ionesi ex vestiario captis sese induerint, ipse Napoleon tunica atra, bracis muricidariis et ocris scorteis, dum scrofa sua acceptissima se stola, quae Matrona Ionesa diebus Solis gerere solita erat, serica undata amiciatur.

Septimana post, nonnulla cisia ad fundum post meridiem advenerunt. Legatio agricolarum vicinorum invitata erat peragrandi causa. Per omnem fundum ducti sunt, qui omnia visa, praecipue molam venti, multum admirarentur. Animalia agrum napinarum runcabant. Faciebus vix a solo sublatis operam diligenter dabant, neque utrum porcos an salutatores magis timere sciebant.

Vespere auditi sunt ex domo et cacchini magni et cantus carptim ac temere acti. At subito, auditis vocibus immixtis, animalia in summam exspectationem adducta sunt. Quidnam intus eveniebat, cum animalia hominibus primum in aequo posita essent? Animalia quam quietissime et una in hortum domesticum se insinuare coeperant.

Ad postum horti semiterrita morata sunt, sed Trifolia duce iter produxerunt. Domum suspensu gradu tranquille petiverunt, et quot erant animalia satis procera, tot per fenestram cenationis inspexerunt. Ibi circum mensam longam sedebant sex agricolae cum sex porcis eminentioribus, at ipso Napoleono ad caput mensae sede honoris occupante. Ut visum est, porci in sellis permolliter sedebant. Coetus lusum chartarum fruitus erat, quem nunc pro tempore, ut apparuit, interruperant ut salutem alicui propinarent. Pocula ex magno urceo cerevisiae replebantur. Inter hospites nemo erat quin facies ad fenestram spectantes non animadverteret.

Honestior Pilkington, Fundi Vulposilvani possessor, stabat poculo manu capto. Dixit se mox rogaturum esse ut commissatores salutem propinarent. Nonnulla tamen verba in animo habuit quae primo ex necessitate loqui vellet.

Maxime iuvatum se — etiam, quod habuit pro certo, omnes praesentes — esse dixit, quod, ut credidit, longum spatium temporis diffidentia ac dissidio repletum iam conclusum esset. Olim fuisse tempus — neque ipsum tamen nec ceteros praesentes communicavisse tales sententias — sed tempus fuisse cum honesti possessores Fundi Animalium ab hominibus vicinis, non animo hostili sed aliquantulum capta molestia habiti essent. Incidisse casus infelices, tenuisse sententias falsas. Fundum possessum ac administratum a porcis creditum fuisse, quam ob rem nescivit, alienum et vicinitatem in incertum veri simile vocavisse visum. Plures agricolae, rebus proprie non quaesitis, sumptionem, quo facilius in tale fundo floreret habitus licens et inexercitatus, accepisse. Hi de animalibus suis propriis commovendis trepidavisse, vel autem de operariis ipsis humanis. Sed iam talis dubitatio dispulsa esse omnino. Illo in die cum amicis Fundum Animalium visitavisse qui oculis suis plane inspexissent, atque quod fuisset inventum? Non solum usus novissimos, sed etiam modestiam ac continentiam quo facilius exemplum agricolis datum fuisset ubique. Se ipsum recte locutum cum animalia Fundi Animalium inferiora magis laborare et minus pabulum quam alia in regione accipere dixisset. Ipsum quidem cum comitibus illo in die multa vidisse, quae in fundis suis propriis statim ex salutatione inducturos esse.

Sermonem finiturus, exprimendas esse dixit illas amicitias, quae inter Fundum Animalium et vicinos constarent et quibus fieri oporteret. Inter porcos et homines deesse repugnantiam quamcunque et huius ullam causam. Eadem pro omnibus certamina et ardua. Nonne una atque idem quaestio operis ubique? Hic factum est apertum ut honestior Pilkington iocum exquisite paratum coetui detegere voluit, sed nimium delectatus est pro tempore quo difficilius eloqueretur. Perfecta multa strangulatione, dum menta varia sua purpurata fiunt, narrare potuit: 'Dum vobis est animalia inferiora, nobis est genus inferiorum moderari!' Hoc dicterio emisso, ad mensam cacchinaverunt omnes; atque honestior Pilkington de diario remisso, de longis operis horis et de absentia indulgentiae universa, quae omnia per Fundum Animalium animadverterat, denuo porcis gratulatus est.

Orationem finiens comites rogaret ut poculis repletis erectum starent. Honestior Pilkington 'Honestiores,' conclusit, 'honestiores, propinare velim: Fortunetur Fundus Animalium!'

Plausum est studiosissime et pedibus supplosum. Napoleon multum gratificatus est qui sella relicta circum mensam veniret ut ante poculum suum haustum illud honestioris Pilkingtoni tangeret. Plausibus casis Napoleon, qui erectus mansuerat, significavit qui etiam nonnulla verba dicere vellet.

Ex consuetudine sua, Napoleon orationem brevem fecit et acerbissima. Dixit se gaudere quod ventum esset ad finem spatium temporis diffidentia repletum. Iam pridem divulgata esse rumores — et, quod ex indicio censuisset, ab hoste malevolo — de ambitione factiosa etiam seditiosa sua et illa collegarum suorum. Argutum esse quod seditionem inter animalia fundorum vicinorum exagitavissent. Nihil falsius! Iam et olim in pace vivere et cum vicinis ad rationis normam vitam agere modo velle. Se iactare de hoc fundo, quod esset res a consortio gesta. Instrumentum auctoritatis, quamquam ab ipso possesso, porci communiter tenere.

Dixit se suspicionem priorem morari non credere, sed usus fundi nuper mutati esse, quo plus fidem levitatam fore. Usque adhuc animalia fundi more stulte sese vocabulo 'Sodalis' nuncupavisse. Mos ille extinctus fore. Institutum etiam fuisse singularissimum, cuius origo recondita, ut iter praeter calvariam verrinam ad stipitem in horto domestico clave confictam mane uno diei Solis quoque factum esset. Usus ille etiam extinctus fore, atque calvariam iam humatam. Forsitan visitatores animadverti etiam vexillam viridem quae ad summam cortum volitabat. Sic etiam aspexissent, eos ungula alba cornuque tunc carere novisse. Proinde vexillam viridem inornatam fore.

Unum modo iudicium se habere de oratione honestioris Pilkington optima ac vicinis comi. Honestior Pilkington ubique nomine 'Fundus Animalium' usus esset. Sane scire non potuisse — ipse enim, Napoleon, tunc primum nuntiare — nomen 'Fundus Animalium' abolitum esse. Proinde fundum nomine 'Fundus Manorialis' nuncupatum fore — quod credidit nomen proprium pristinum.

Napoleon 'Honestiores,' finivit, 'propinare velim rursus, sed alio more. Pocula ad summa ora implete. Honestiores, hoc propino: Fortunetur Fundus Manorialis!'

Plausum est iterum quam studiosissime, et pocula faece tenus exhausta sunt. Sed animalia foris spectantia crediderunt aliquid novi ac mirabilis accidere. Quid erat in faciebus porcorum mutatum? Trifolia oculis veteribus hebetis modo unum, modo alium intuita est. Erant aliis quinque, alii quattuor, alii tres menta. Sed quid aspiciebant tabescere et mutare? Dein plausu finito, comites chartulis resumptis lusum interruptum protulerunt, atque animalia tacite abierunt.

Sed cum viginti passuum nondum praeterita essent, subito stiterunt. Ex domo voces magnas audiverunt. Quam celerrime fenestram repetiverunt. Ita vero, altercatio furiosa agebatur. Clamabatur, mensa tundebatur, aspectus erant acuti ac repulsae acerbissimae. Ut visum, orta est de Napoleono et honestiore Pilkington rixa, quod puncto temporis eodem quisque chartam posuerat unionem hastarum. Contendebant duodecim voces furibundae, atque pariter. Animalia ex foris de porco in hominem et de homine in porcum, iterumque de porco in hominem aspexerunt: sed iam inter omnes decernere nequierunt.

* * * * *

Explicita hic Fabula

# FUNDUS ANIMALIUM

* * * * *

# VOCABULARY

## 1. PROPER NAMES and TITLES

Only minimal 'latinisation' has been used for the proper names, which all take inflections, where appropriate or for clarity, from the first or second declensions.

Clearly, where the subject is the Latin *animal*, the neuter is used without question; however, with animals as the principal characters, some rule for agreements was necessary in using pronouns and adjectives and the neuter is assumed to be appropriate throughout, except when a human or a specifically masculine or feminine animal is involved, when the appropriate gender is ascribed. Beyond this straightforward arrangement there are no grammatical points to be specially noted.

*Artaprata*, Pinchfield, is a neuter plural. Curiously enough, no single, convenient, classical word for *snowball* has come down to us.

THE ANIMALS

| | | |
|---|---|---|
| *Maior Vetustior* | Old Major | *The prize boar* |
| *Campanula, Iessica, Strictor* | Bluebell, Jessie, Pincher | *The three dogs* |
| *Arcifer, Trifolia* | Boxer, Clover | *The cart-horses* |
| *Muriel* | Muriel | *The white goat* |
| *Beniamin* | Benjamin | *The donkey* |
| *Mollia* | Mollie | *The foolish, pretty white mare* |
| *Moses* | Moses | *The tame raven* |
| *Niviglobus* | Snowball | *The only Berkshire pig* |
| *Napoleon* | Napoleon | *The second leading pig* |
| *Buccator* | Squealer | *A small, fat porker* |
| *Minimus* | Minimus | *A porcine rhymester* |
| *Punicellus* | Pinkeye | *Food-taster to Napoleon* |

THE HUMANS

| | | |
|---|---|---|
| *Ionesus* | Mr.Jones | *The owner of the Manor Farm* |
| *Pilkington* | Mr. Pilkington | *The owner of Foxwood* |
| *Fridericus* | Mr. Frederick | *The owner of Pinchfield* |
| *Whymper* | Mr. Whymper | *The solicitor* |

THE PLACES

| | | |
|---|---|---|
| *Fundus Manorialis* | Manor Farm | *Mr. Jones' farm* |
| *Vulposilva (Fundus Vulposilvanus)* | Foxwood | *Mr. Pilkington's farm* |
| *Artaprata (Fundus Artapratorum)* | Pinchfield | *Mr. Frederick's farm* |
| *Villingdona* | Willingdon | *The local town* |
| *Mons Saccharobellarius* | Sugarcandy Mountain | |

## 2. INANIMATE OBJECTS

Below is a selection of the neologisms used.

| | |
|---|---|
| *glanduloactorium* | shotgun |
| *glandoactorium* | gun* |
| *faenilevarium* | hay elevator |
| *paleasecarium* | chaff-cutter |
| *pastinacaria* | turnip slicer |
| *stagnum dulce* | drinking pool |
| *sextariunculus* | pint bottle |
| *zoöphagismus* | cannibalism |
| *caniplacentula* | *dog-biscuit* |

* *firing bullets rather than shot*

The selection is incomplete, but other items of machinery, electrical power and so on should be obvious.

www.ingramcontent.com/pod-product-compliance
Ingram Content Group UK Ltd.
Pitfield, Milton Keynes, MK11 3LW, UK
UKHW041929190726
13854UKWH00004B/1520

9 781447 829935